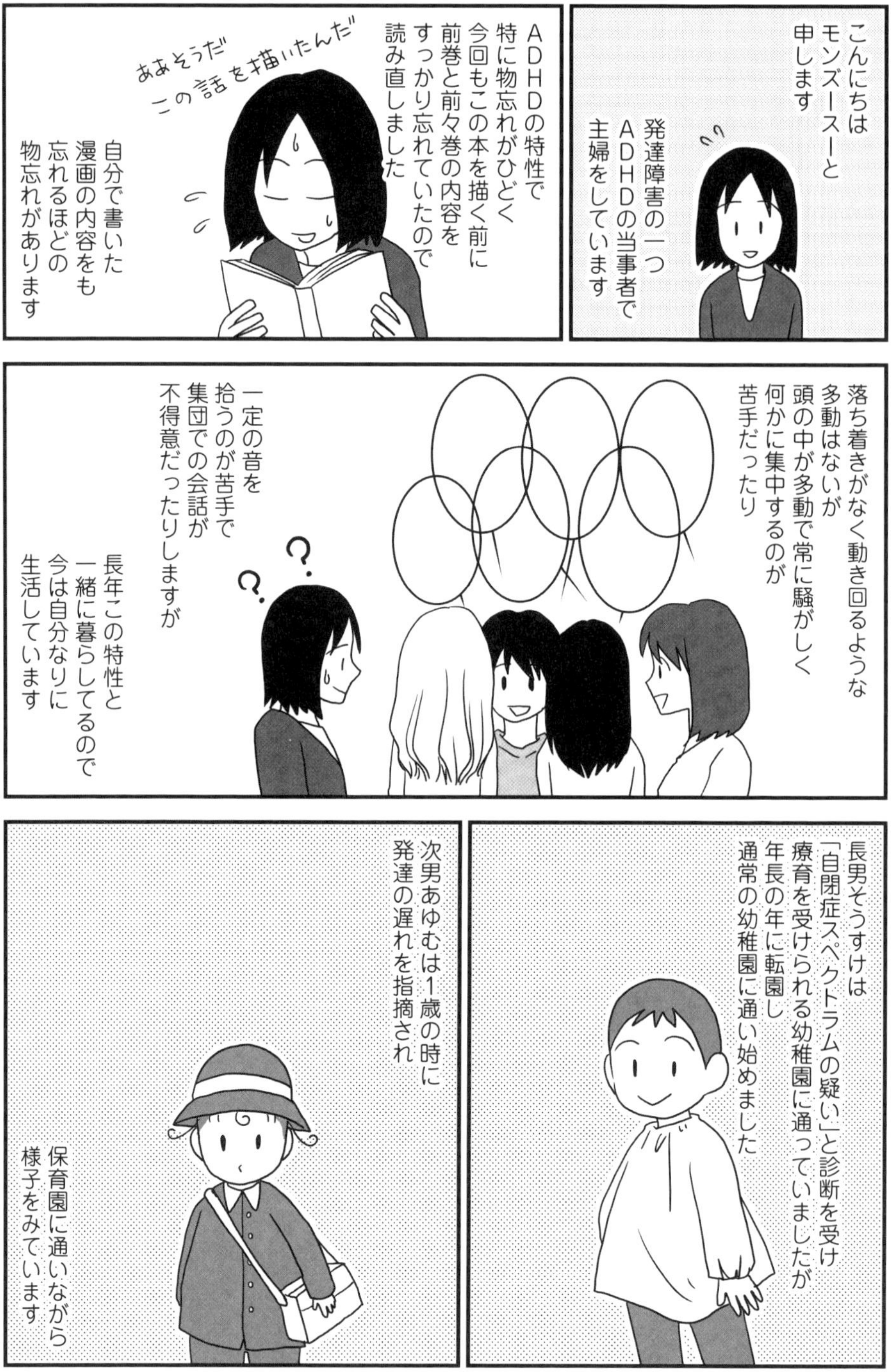
こんにちは モンズースーと 申します
発達障害の一つ ADHDの当事者で 主婦をしています
ADHDの特性で 特に物忘れがひどく 今回もこの本を描く前に 前巻と前々巻の内容を すっかり忘れていたので 読み直しました
ああそうだ この話を描いたんだ
自分で書いた 漫画の内容をも 忘れるほどの 物忘れがあります
落ち着きがなく動き回るような 多動はないが 頭の中が多動で常に騒がしく 何かに集中するのが 苦手だったり
一定の音を 拾うのが苦手で 集団での会話が 不得意だったりしますが
長年この特性と 一緒に暮らしてるので 今は自分なりに 生活しています
長男そうすけは 「自閉症スペクトラムの疑い」と診断を受け 療育を受けられる幼稚園に通っていましたが 年長の年に転園し 通常の幼稚園に通い始めました
次男あゆむは1歳の時に 発達の遅れを指摘され
保育園に通いながら 様子をみています

長男に発達の遅れがあると言われ
発達障害という言葉を初めて知ったのは
長男が2歳近くの頃で
次男妊娠中の時でした
そして発達障害について調べると
私自身に当てはまるものが多く
自分自身も発達障害の
当事者であることを
知りました
しばらくは
落ち込んで
しまいましたが
幼稚園や病院の先生
家族などに支えられ
少しずつ落ち着いて
過ごせるように
なりました
これは
そんな我が家の
日々の記録です
当時
私の立場から見えたこと
私なりに思ったことを
そのまま描いたので
不適切な部分も
あるかもしれませんが
こんなことを考えてる
人もいるんだ…というふうに
読んでいただければ
幸いです

プロローグ　2
1話　新しい幼稚園生活の始まり　7
小さい声／色の足し算　18
2話　グレーな子たちの集まり「さくらの会」　19
夏休み／お月見　31
さんかくえんぴつ／言葉の置き換え　32
3話　小学校の入学準備「知能検査」へ　33
跳べる？跳べない？／うつる　46
4話　「加害者」と「被害者」の可能性　47
りんごあめ／周囲への支援　56
5話　次男の成長と課題　57
どちらも苦手／英語　68
6話　イライラとの付き合い方　69
相性　80

目次

7話　長男と次男の心の距離　81
性格／これも成長　92
8話　「支援学級」と「通常学級」の違いって何？　93
発音／引っ越し　107
真っ2つ／一番は？　108
9話　これってもしかして「吃音」？　109
10話　気持ちの切り替えと「時計」　119
11話　体の傾きを替えれば走り方が変わる？　133
時計のその後／自転車　144
12話　いざ！教育委員会との話し合い「就学相談」へ　145
エピローグ　161
あとがき　170
解説　はしもとクリニック経堂　院長　橋本圭司　174

登場人物紹介

母

（モンズースー）

いつもなにかやらかしている母。
自身もADHD。

そうすけ

グレーゾーンの長男。
年長から通常の幼稚園に転園。
言葉や運動の遅れがあり
療育にも通っている。
カニが好き。

あゆむ

同じくグレーゾーンの次男。
保育園に通い、様子をみている。
アレルギーがあるが、よく食べる。

1話

新しい幼稚園生活の始まり

5歳の4月
長男は新しい生活を始めた
おはようございます
そうすけくん おはようございます
転園先の「西の山幼稚園」では体験の時に担当してくれた先生が担任になった
新しい環境に戸惑いながらも
そうすけくん 立ったまま靴脱げる？
脱げない
じゃあ練習してみようか
今日は田んぼにザリガニ探しに行くよ
どこにいるの？ どうやって捕まえるの？
わくわく
じゃーね お母さん いってきまーす
新しいことが好きな長男は楽しく通っていた
この調子なら大丈夫…な気もするけど安心はできなかった

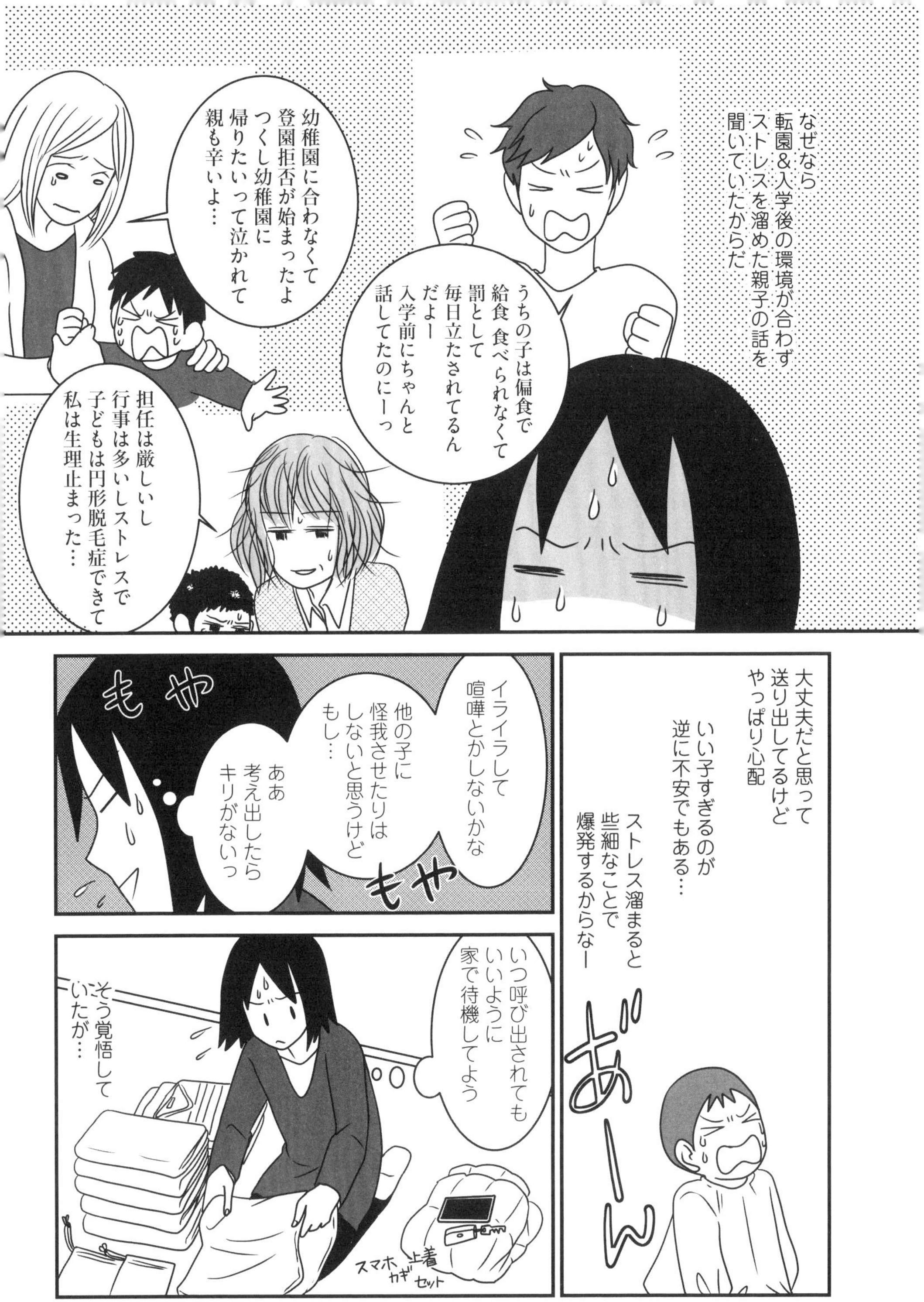
なぜなら
転園&入学後の環境が合わず
ストレスを溜めた親子の話を
聞いていたからだ…
うちの子は偏食で 給食 食べられなくて 罰として 毎日立たされてるん だよー 入学前にちゃんと 話してたのにーっ
幼稚園に合わなくて 登園拒否が始まったよ つくし幼稚園に 帰りたいって泣かれて 親も辛いよ…
担任は厳しいし 行事は多いしストレスで 子どもは円形脱毛症できて 私は生理止まった…
大丈夫だと思って 送り出してるけど やっぱり心配
いい子すぎるのが 逆に不安でもある…
ストレス溜まると 些細なことで 爆発するからなー
あーん
イライラして 喧嘩とかしないかな
他の子に 怪我させたりは しないと思うけど もし…
ああ 考え出したら キリがないっ
もや
もや
いつ呼び出されても いいように 家で待機してよう
そう覚悟して いたが…
スマホ
カギ
上着
セット

入園から1週間…
1ヶ月…
2ヶ月経っても
園からは何の連絡もない
つくし幼稚園は親が付き添うか園内で待機してたのでいつでも先生と話ができたけど
今日は給食全部食べました
個別学習ではお箸の練習をしましたとても集中して頑張りました
今の幼稚園では預ける時の挨拶くらい
おはようございます
学区外の長男以外はみんな園バス通園だし保護者とも会わない…
今までが手厚かったからなんか違和感があるけど通常の幼稚園はこんな感じなんだな…
なんか新鮮
西の山幼稚園
担任の先生は最初に
何かありましたら気軽に声かけてくださいね
と言ってくれたけど…

何もなさすぎて質問がわからない
忙しいのに普段の様子聞いたら過干渉かな？
誰かに迷惑かけてないか気になっちゃう
まあいいか個人面談の時に様子を聞いてみよう
そして夏休み前の面談の日…
あ…あの幼稚園での様子はどんな感じでしょうか？
泣いたり怒ったり喧嘩したりしてないですか？
え？そうすけくん…
怒ったり喧嘩したりするんですか？
想像できないな…
びっくり
一度も泣いてないですよ
想像できない!?
いや頻繁ではないのですが以前の幼稚園ではそれなりに…
びっくり
そうすけくん幼稚園では積極的に何でも頑張っていますよ
おかわり！
偏食と聞いてましたが給食も毎日完食しおかわりもしてます

前の園の給食の先生のおかげだ!
そうちゃんお豆食べたー
キャーすごいすごい
すごい
食べるとたくさん褒めてくれるから給食は残さず食べる習慣(いいこだわり)になった
最初は慣れていないところもあって一人行動が遅れたり戸惑うことも多かったですが最近はだいぶ慣れました
そうすけくんしまう場所はこっちだよー
しいて言えば子どもたち全体へ言ったことが伝わらず
かたづけてー
はーい
はーーい
…
個別にもう一度伝えることはまだありますね
かたづけだよ
私の話を聞けてなくても
これ持って並ぶのか
お友達を見て行動することも多いですが
困ってる時は必ず私に聞いてくるので
先生
あの…

もう少しお友達に聞けるようになるといいと思います
そうですね 支援の幼稚園では子ども同士で話すことが少なかったので
「困った時は大人に聞く」習慣がついているのかなと思います
なるほどー これからお友達同士でもできるよう見守ってみますね
コミュニケーション面は得意ではないようで
ロボット作る人ー
ロボット？ ぼくも作る
自分から発信はたくさんしてるのですが…
一方通行になってしまうことがほとんどで…
？
あれ？
一緒に作らないの？
もく もく
他の子の呼びかけには気づかないことが多いです
こおり鬼する人ー
やるー
はーい
もく もく

まあこの年齢だと まだ他の子も そんな感じなので
周囲の子も 気にしてない ようですが
そうですか
ホ…
あとは並び順ですね
運動会練習の時 競技のたびに 並び順が変わるのですが それが何度やっても わからず困ってました
とうすけくん こっち!!
どうやら 周りの子の顔が覚えられず 誰と誰の間に行けばいいのか わからなかったようでした
たぶんそうですね
顔や名前を覚えるのが 苦手なんです すみません
同じ学年で同じ制服の 集団…
全部同じように 見えちゃうんだよな…
私も 苦手
特に髪型が似てる男子は同じに見えちゃう
でもできることは どんどん増えてます
運動会の お遊戯も ばっちりです
楽しみにしてて下さい
うれしいです
本当にありがとうございます 手がかかる子ですみません

ありがとうございました
ふー
そうか… 並び順のことは 気づかなかった…
先生は さらっと話してたけど 色々工夫してくれたんだろうな…
こんな丁寧に 接してもらえてるとは 思わなかった
ありがとう…
今の年齢で この先生に出会えて よかった…
同級生にも 感謝だなー
長男は 自尊心が高い
そうすけ できないっ やらないっ
ぐず ぐずぐずっ
だから 自分だけ周囲より できないことが多いと 傷つき 癇癪に繋がらないか 心配してた
だけど その自尊心がいい方向に働き 周囲に合わせようと背伸びして 努力できているようだ
目標は今までより高いけど 何とかできたこと
それが自信に繋がってる
その代わり 家では前より グズグズすることが 増えたけど…
イラ イラ
キーッ
ぐずぐずぐず
今は目をつぶろう…

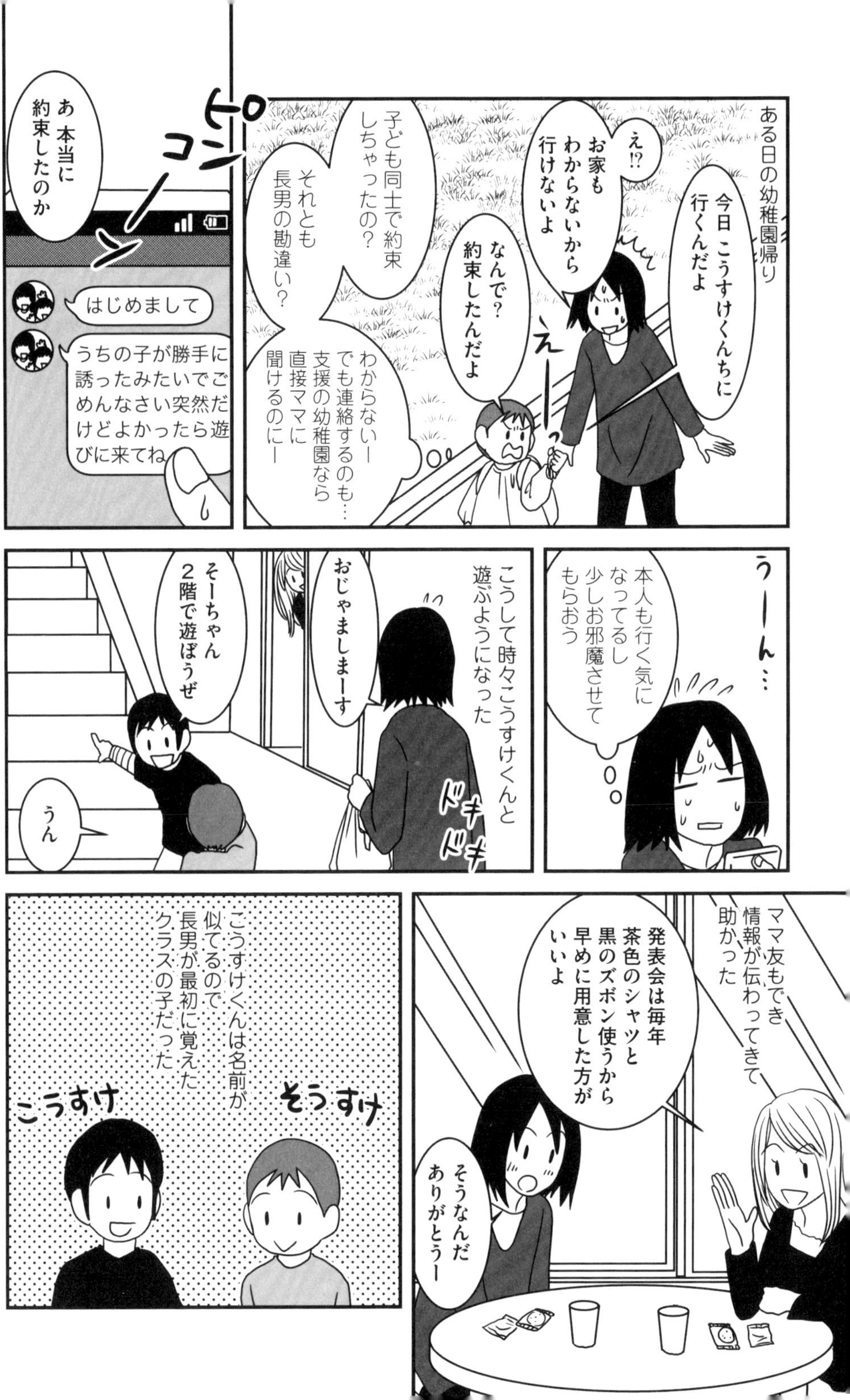
ある日の幼稚園帰り
今日 こうすけくんちに行くんだよ
え!? お家もわからないから行けないよ
なんで? 約束したんだよ
えー
子ども同士で約束しちゃったの? それとも長男の勘違い?
わからないー でも連絡するのも… 支援の幼稚園なら直接ママに聞けるのにー
ピコン
はじめまして
うちの子が勝手に誘ったみたいでごめんなさい突然だけどよかったら遊びに来てね
あ 本当に約束したのか
うーん…
本人も行く気になってるし少しお邪魔させてもらおう
こうして時々こうすけくんと遊ぶようになった
おじゃましまーす
ドキドキ
そーちゃん 2階で遊ぼうぜ
うん
ママ友もでき情報が伝わってきて助かった
発表会は毎年茶色のシャツと黒のズボン使うから早めに用意した方がいいよ
そうなんだ ありがとうー
こうすけくんは名前が似てるので長男が最初に覚えたクラスの子だった
そうすけ
こうすけ

こうすけくんを覚えたら
その周りの
お友達(男子)を
覚え…
そうすけくん
バイバーイ
ひかりくん
バイバーイ
次に
女子を覚え
そーちゃん
おはよー
タッチ
かりんちゃん
おはよー
1学期が終わる頃には
全員の顔と名前が
覚えられたようだ
かなたくん
大きい滑り台
すべったんだよ
うん
うん
いちごちゃんと
ひまりちゃんは
うさぎにはっぱ
あげたんだよ
2学期の運動会では
整列で迷うことも
なくなった
遠足の写真
ちなみに
緊張が少し解けたのか
家での癇癪は減ったが
ゴロ
ゴロ
今度は家にいる時間
ずっとだらだらして
動かなくなった
休みの日は一日
椅子の上から
出ない…

小さい声

長男は歌が好き
どこでも大声で歌ってしまう
どんぐりころころどんぐりこ
たとえそれが無音の病院の待合室でも…
病院では静かにしようか
と最初は提案したがこれだと歌いたい欲求がたまって後で爆発する
ひそ
しー
どうしても歌いたいなら小さい声にしよう
？
ひそ
と提案したが長男には「小さい声」が伝わらなかった
そこで色々試した結果
これくらいの声ならいいよ
ちょこっと
うん
目で大きさがわかるように伝えたら納得できひそひそ話のような声も出せるようになった
後から担任の先生と話したら先生は「ねずみさんの声」という伝え方をしてくれていた
12345678910
数字の強い子は「1の音」というような伝え方で声の大きさを変えている子もいた
「小さい声」がうまく想像できない子にはこんな伝え方も一つかもしれない

色の足し算

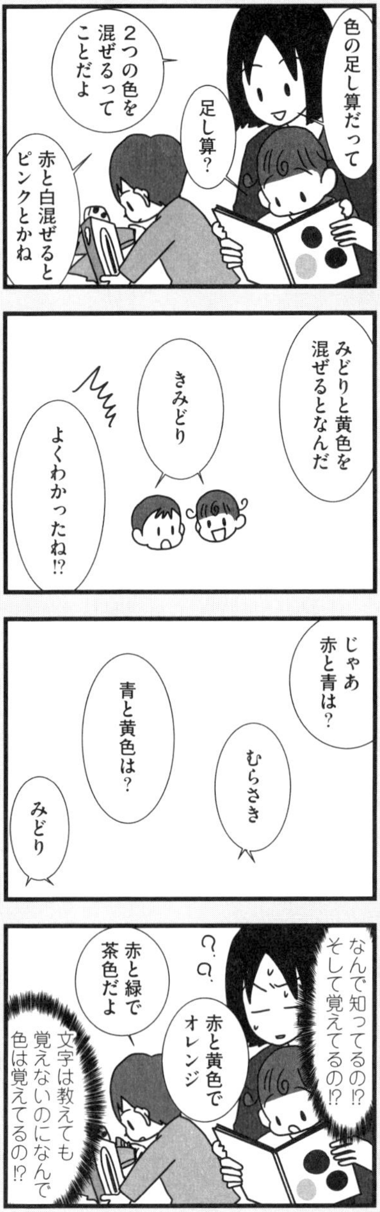
色の足し算だって
2つの色を混ぜるってことだよ
足し算？
赤と白混ぜるとピンクとかね
みどりと黄色を混ぜるとなんだ
きみどり
よくわかったね!?
じゃぁ赤と青は？
むらさき
青と黄色は？
みどり
なんで知ってるの!? そして覚えてるの!?
？？
赤と黄色でオレンジ
赤と緑で茶色だよ
文字は教えても覚えないのになんで色は覚えてるの!?

2話

グレーな
子たちの集まり
「さくらの会」

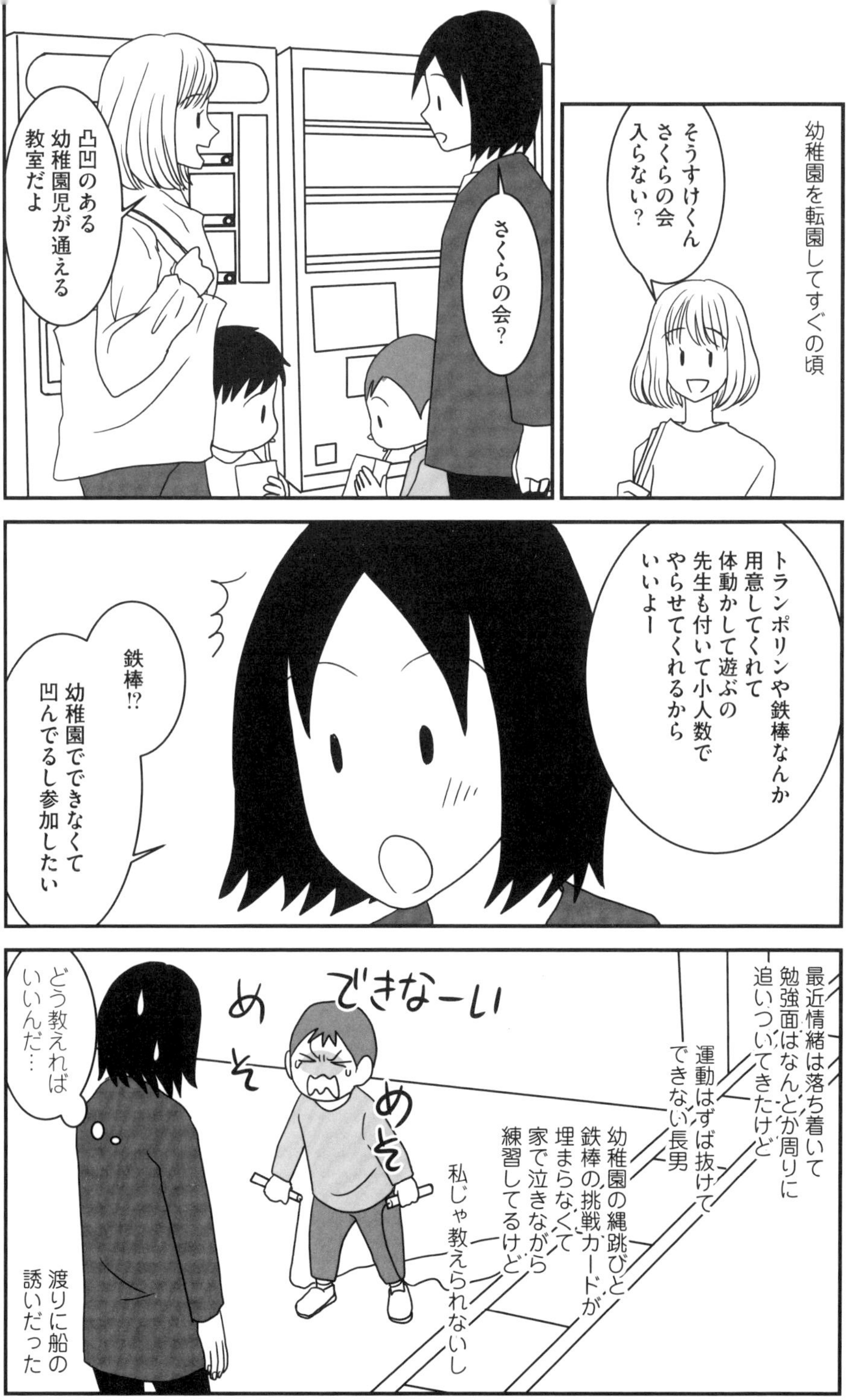
幼稚園を転園してすぐの頃
そうすけくん さくらの会 入らない？
さくらの会？
凸凹のある 幼稚園児が通える 教室だよ
トランポリンや鉄棒なんか 用意してくれて 体動かして遊ぶの 先生も付いて小人数で やらせてくれるから いいよー
鉄棒!?
幼稚園でできなくて 凹んでるし参加したい
最近情緒は落ち着いて 勉強面はなんとか周りに 追いついてきたけど
運動はずば抜けて できない長男
幼稚園の縄跳びと 鉄棒の挑戦カードが 埋まらなくて 家で泣きながら 練習してるけど
私じゃ教えられないし
できなーい
めそ めそ
どう教えれば いいんだ…
渡りに船の 誘いだった

参加したさくらの会は
市の施設の中で開かれていて
さくらの会 15:00~16:00
発達の勉強をしてる
先生が数人付いてくれる
アットホームな
雰囲気だった
メンバーは
一般の幼稚園に通う子が多い
診断されてる子は少なく
特に病院などに通ってない子が
ほとんどだが
長男と同じように
発達の遅れがある子
ばかりだった
へぇ〜
似たような子
こんなにたくさん
いたんだ…
そんな集まりなので
毎回1人は
癇癪を起こす子がいて
そうじゃない
ちがう
いやっ
ぐず
プスプス
ぐず
じー…
それを見た長男は…
ここでは泣いても
怒ってもいいのか
と安心したのか

さくらの会では些細なことで
癇癪を起こすようになった
だめ
つかれた
むり～～
パタ
パタ
それで
運動はまったく
しないのかー!?
何しに来てるの!?
まーまー
お母さん
ぬう…
そうちゃん
幼稚園で一度も泣かずに
頑張ってるんでしょ
ここはくつろぐ場として
使ってもらえればいい
ですよ
…確かに
頑張りすぎて
ストレス溜まってる
だろうな…
はい
家以外で自分を出せる場所
安心できる場所なんだな…
当初の目的とは違うけど
こういう利用の仕方もありか…
そして数ヶ月
泣いたりぐずったりしながら通い続け
だんだん落ち着いてきた
上手
上手～
ギャー
ムリムリムリムリ
おおおおお!!
文句を言いながら
運動にも全部参加
できるようになった

さて突然だけど
私の中で幼児期の
凸凹の子の母は
どちらかと言うとグレーな子の親かな
どのタイプが良い悪いとかじゃないです
大きく分けて3つのタイプに分かれる気がする
勧められるまま支援を受けるAタイプ
検診でここ勧められたから来たのー
病院？特に行ってないよー
うちの子ちょっとやんちゃでー
幼稚園でも元気すぎるとみんなと別のクラスにたまに行くみたい
積極的に支援を受けるBタイプ
療育施設は○○ 病院は○○に通ってます
使える支援はしっかり使います
支援情報は自分で調べて探しました
私はたぶんB
支援を必要としないCタイプ
うち子のは大丈夫 普通よちょっとやんちゃな(またはおっとりしてる)だけ
だから私は普通に地域の子たちと育てます
Cタイプは療育では会わないけどどこの園でも1人はいると聞く
支援の幼稚園はBタイプが多かったけど
さくらの会はAタイプが多い印象
なのでBタイプのママが色々と教えていることが多かった
支援級ってのはね…
え？通常のクラスに入れないの？
リハビリってどこでやってるの？
それを私も聞いて情報交換&収集

そうちゃん つくし幼稚園行ってたんでしょ？
はい
つくし？
支援が受けられる幼稚園なんだって
えー そんな園があるの⁉
知らなかった〜‼
そうちゃん しっかりしてるよね
やっぱうちもつくし行けばよかった
行きたくてずっと迷ってたんだけど仕事辞められなくて行けなかったんだ
あそこ母子同伴でしょ
母子同伴？ すごいねー
うちもここに来るので精いっぱいだよ
うちは義両親に反対されて行けなかった…ここにも内緒で来てる
あとさ療育行くのだって仕事休まないと行けないしぶっちゃけキツイよね
リハも病院もここも近くないもんね 一日休むことになるからパートでしか働けないし
こんだけやっても幼稚園で毎日できないこと指摘されてさー
そうそう それなのに病院行っても様子見で何もしてくれないんだよね

子どものことだから
できるだけ
やってあげたいんだけど
わかるー
ハハハハ
たまにさ
これ以上
どうしろって
いうんだよって
アハハハハ
ねー
思っちゃうんだよね
確かにグレーだと
受けられない支援も多いし
かといって
一般の子たちの集団には
入れなくて
行き場がないように
感じる時もある
探せば少しはあるんだけど
個人で探すのは
難しくて…
私は支援の幼稚園の
先生をはじめ
いつでも相談できる
環境にいて
色々助けてもらったけど
1人で
頑張ってたママも
多いんだな…
支援の幼稚園だって
余裕のある家庭ばかりでは
なかった
片道何時間もかけて
登園したり
仕事辞めて付き添ったり
泣く泣く下の子を預けて
付き添っているママも
たくさんいた
それでも
あそこに行けたのは
恵まれていたのかも
しれない

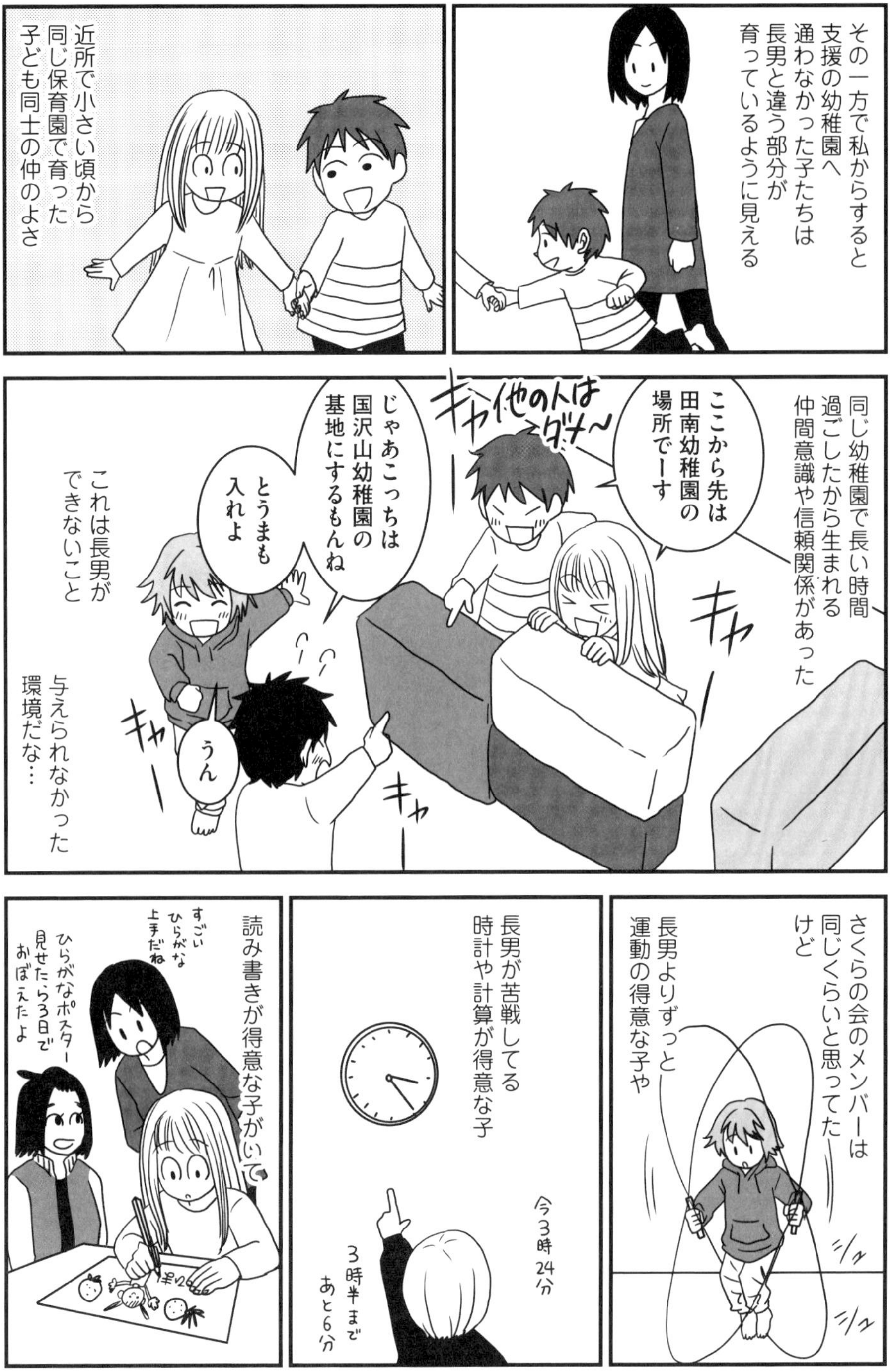
その一方で私からすると
支援の幼稚園へ
通わなかった子たちは
長男と違う部分が
育っているように見える
近所で小さい頃から
同じ保育園で育った
子ども同士の仲のよさ
同じ幼稚園で長い時間
過ごしたから生まれる
仲間意識や信頼関係があった
ここから先は
田南幼稚園の
場所でーす
キャ
他の人は
ダメ〜
じゃあこっちは
国沢山幼稚園の
基地にするもんね
とうまも
入れよ
うん
キャー
キャ
これは長男が
できないこと
与えられなかった
環境だな…
さくらの会のメンバーは
同じくらいと思ってた
けど
長男よりずっと
運動の得意な子や
長男が苦戦してる
時計や計算が得意な子
今3時24分
3時半まで
あと6分
読み書きが得意な子がいて
すごい
ひらがな
上手だね
ひらがなポスター
見せたら3日で
おぼえたよ

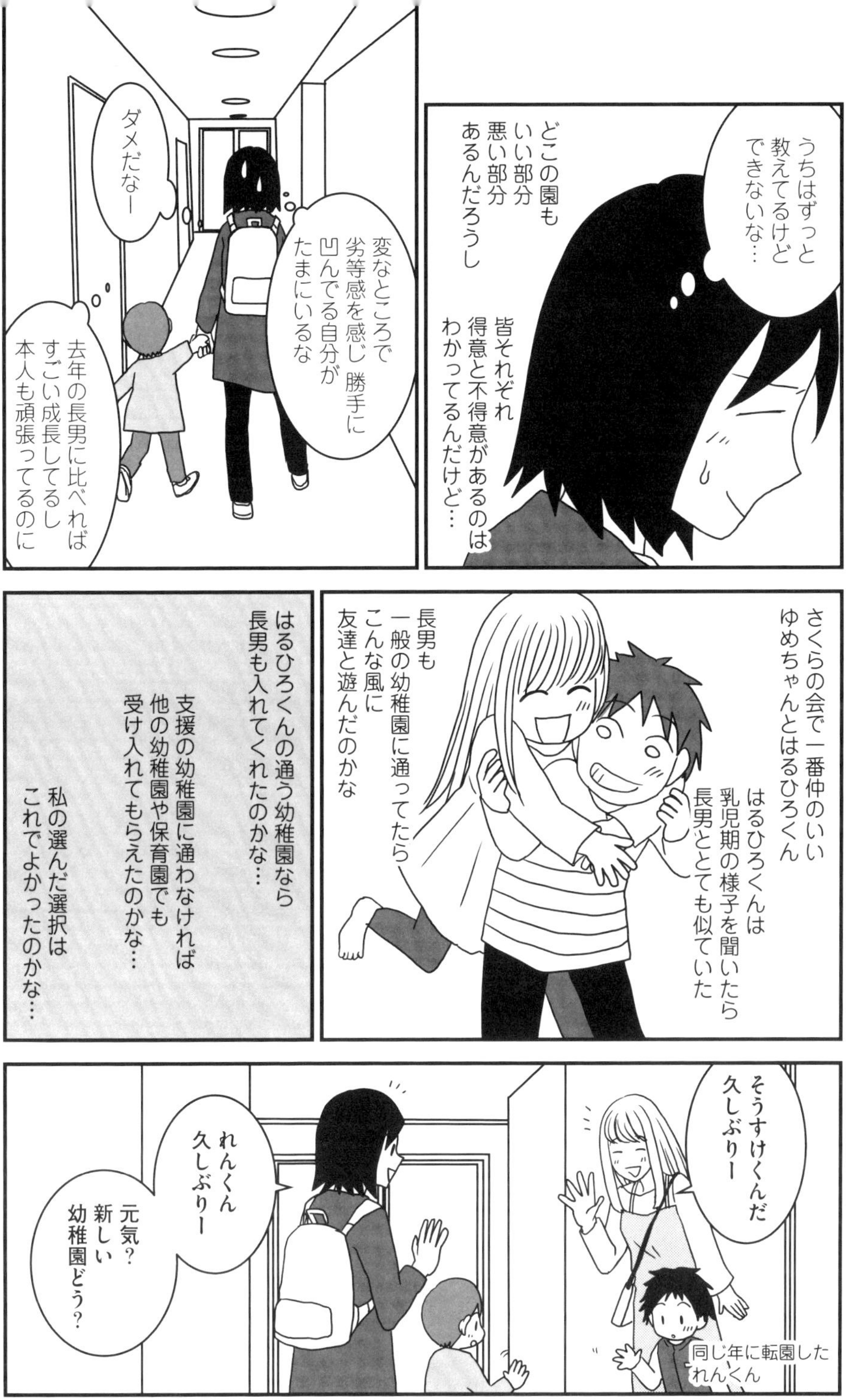
うちはずっと教えてるけどできないな…
どこの園もいい部分悪い部分あるんだろうし
皆それぞれ得意と不得意があるのはわかってるんだけど…
変なところで劣等感を感じ 勝手に凹んでる自分がたまにいるな
去年の長男に比べればすごい成長してるし本人も頑張ってるのに
ダメだなー
さくらの会で一番仲のいいゆめちゃんとはるひろくん
はるひろくんは乳児期の様子を聞いたら長男ととても似ていた
長男も一般の幼稚園に通ってたらこんな風に友達と遊んだのかな
はるひろくんの通う幼稚園なら長男も入れてくれたのかな…
支援の幼稚園に通わなければ他の幼稚園や保育園でも受け入れてもらえたのかな…
私の選んだ選択はこれでよかったのかな…
そうすけくんだ久しぶりー
れんくん久しぶりー
元気？新しい幼稚園どう？
同じ年に転園したれんくん

最初は「つくしに帰りたいって」少しぐずぐずしたけど今は元気だよー
それに新しい幼稚園では一度も泣いてないんだよ
れんくんすごいねー
うちも泣かずに行ってるよー
ぐずぐず
ぐずぐず
めそめそ
れんくんも気持ちのコントロールが苦手だったもんな
そうすけくんも頑張ってるねー
すごい悩んだけど転園してよかった
子どもの成長ってすごいねー
本当だね
支援の幼稚園もすごい悩んで入ったけど行ってよかったよ
支援の幼稚園での経験がなかったら
今のれんは絶対いないもん

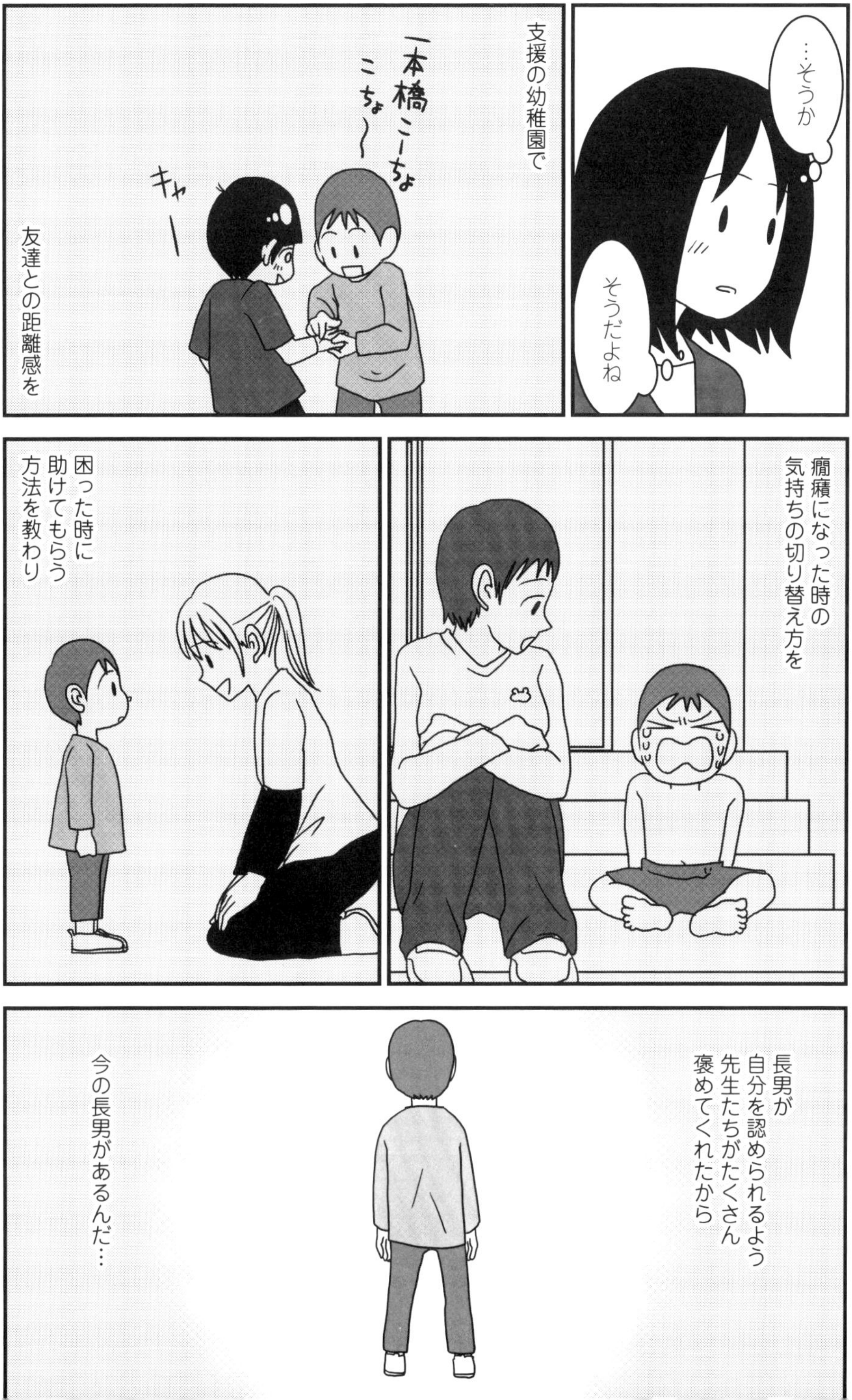
…そうか
そうだよね
支援の幼稚園で
一本橋こーちょ
こちょ〜
キャー
友達との距離感を
癇癪になった時の
気持ちの切り替え方を
困った時に
助けてもらう
方法を教わり
長男が
自分を認められるよう
先生たちがたくさん
褒めてくれたから
今の長男があるんだ…

今の長男はそれに支えられて
頑張ることができている
やっと
落ち着いて
周囲を見ることができて
みんなと同じように
やりたいと思う気持ちが出て
努力を始められたんだ
今からできることを
頑張ればいいんだ
ちょっと遅れたかも
しれないけど
この道も間違いでは
なかったんだ
それからしばらくして
鉄棒と縄跳びができるように
なってきた
お母さん
縄跳びカードに
ハンコもらったよ
イエ〜イ
すごい
よかったねー
なまえ もんず そうすけ
がんばりました

夏休み

夏休み中のお出かけは楽しいけど疲れる
子どもはぐずぐず
あっち
あっち
水筒や着替えなど荷物は重くて…
暑い…
でもコミュ力の低い私が一番疲れるのは…
隣の地区は
県外出た
人混み…
人あたりで最近帰宅後は動けない
またうまく喋れなかった
きゃははは

お月見

お月見をした時のこと
おーー
おかーさん早く月食べよう
!?
わくわく
いやお月見ってそういうのじゃないから
月おいしいのよ〜
食べたことあるの!?
うんバリバリするの
…へー
??
薄焼きせんべいか何かだと思っているようです

さんかくえんぴつ

言葉の置き換え

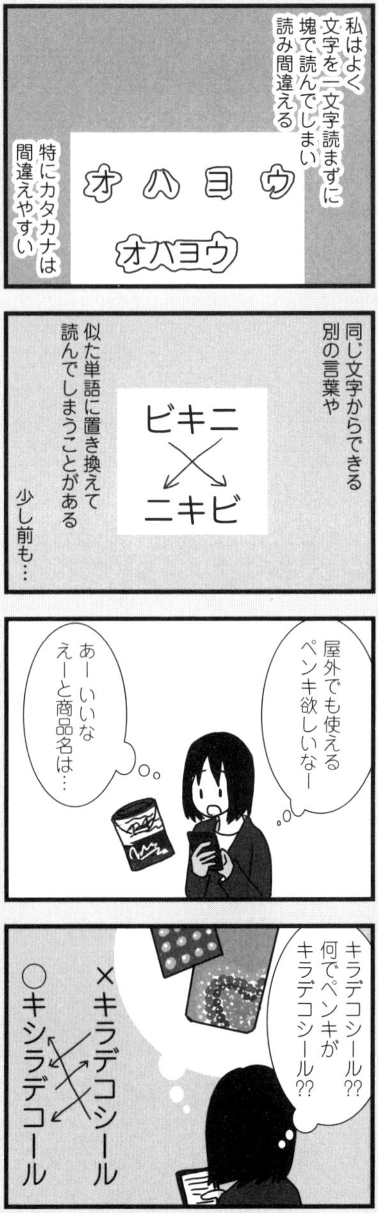

3話

小学校の入学準備
「知能検査」へ

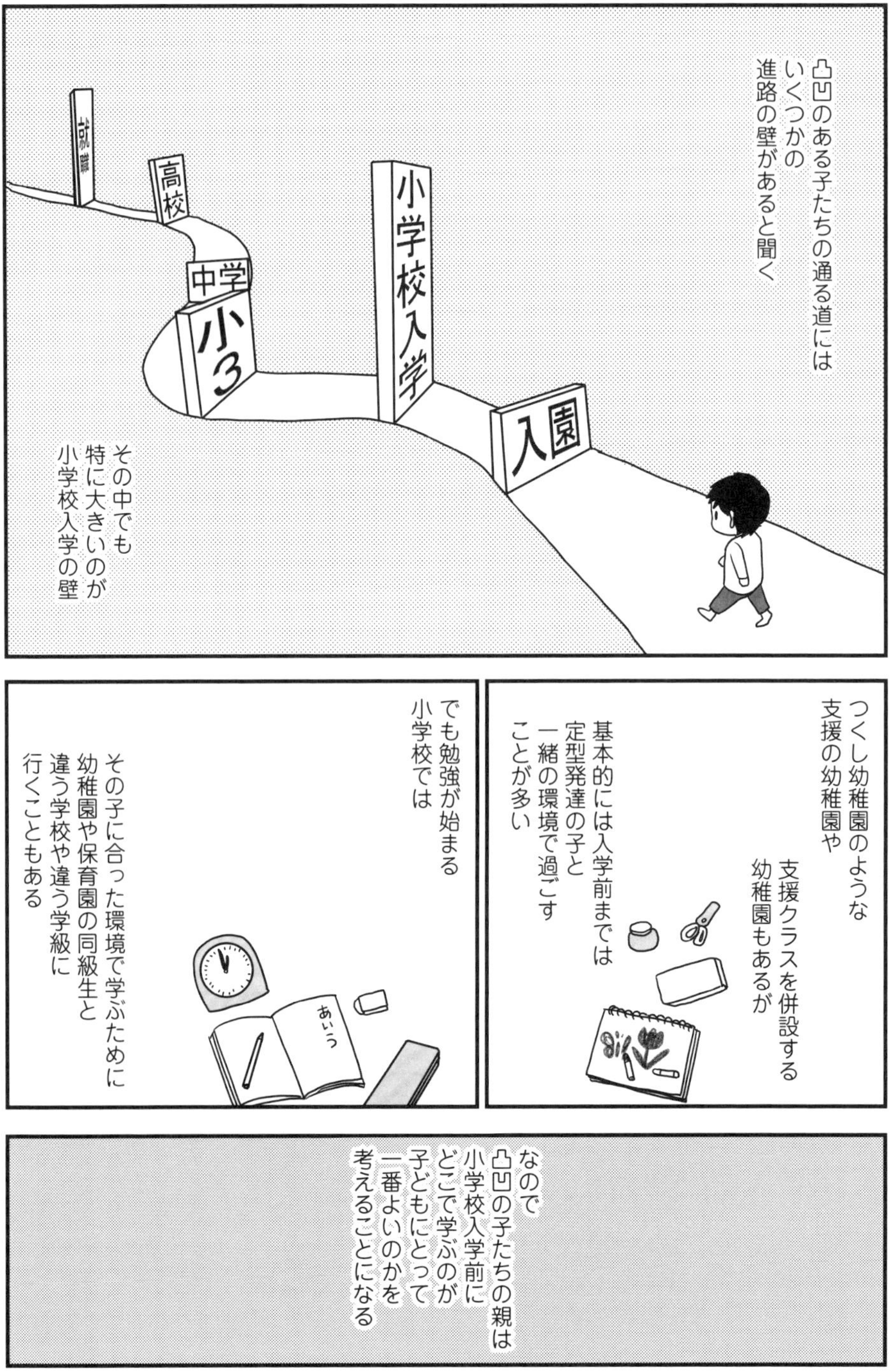
凸凹のある子たちの通る道には
いくつかの
進路の壁があると聞く
入園
小学校入学
小3
中学
高校
就職
その中でも
特に大きいのが
小学校入学の壁
つくし幼稚園のような
支援の幼稚園や
支援クラスを併設する
幼稚園もあるが
基本的には入学前までは
定型発達の子と
一緒の環境で過ごす
ことが多い
でも勉強が始まる
小学校では
その子に合った環境で学ぶために
幼稚園や保育園の同級生と
違う学校や違う学級に
行くこともある
あいう
なので
凸凹の子たちの親は
小学校入学前に
どこで学ぶのが
子どもにとって
一番よいのかを
考えることになる

特別支援学校

障害のある子などが通える学校
学習や日常生活の向上
自立ができるよう支援してくれる
教科の時間は少なく
自立活動が多い

通常の小学校

通常学級

定型発達の子も通う
通常の学級
一クラス35人くらいいる

特別支援学級

普通級の教育では十分な
教育効果を上げることが困難な
児童生徒のために設置された学級
一人一人の障害の状況や
特性に応じた支援をしてくれる
小人数で学習できる

知的障害特別支援学級

記憶や判断などに
知的な遅れが見られ
通常の集団生活や
学習内容を習得しにくい
子が在籍している

自閉症・情緒障害特別支援学級

コミュニケーション
能力に
遅れや困難がある子が
在籍している

通級指導

通常学級に在籍していながら
通常の学級では
十分な教育効果を上げることが
困難な科目を
個別的な特別支援教育を
受けることのできる制度

「国語」や「算数」など
苦手な科目を
特別支援学級に
通って学ぶ

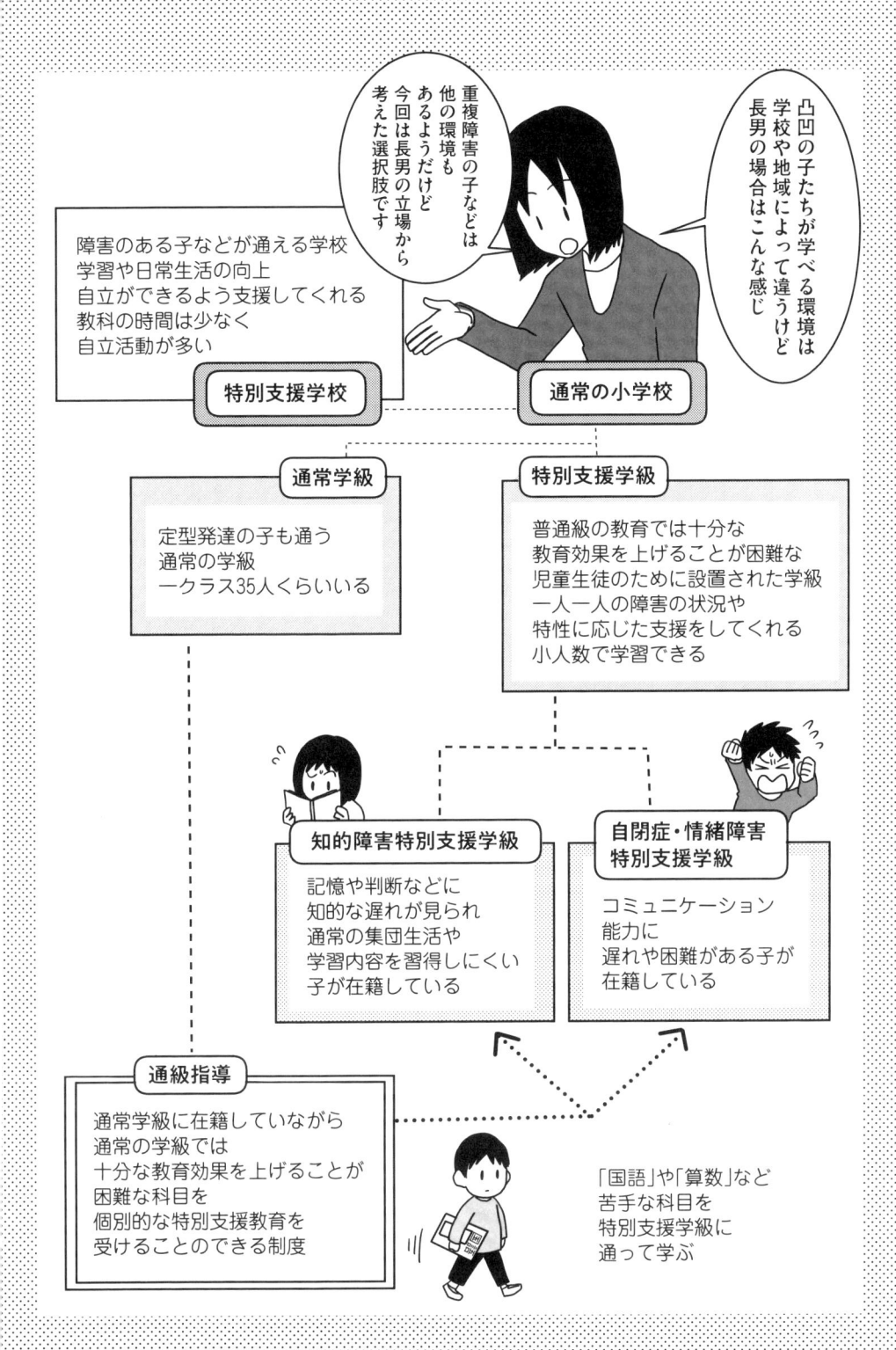

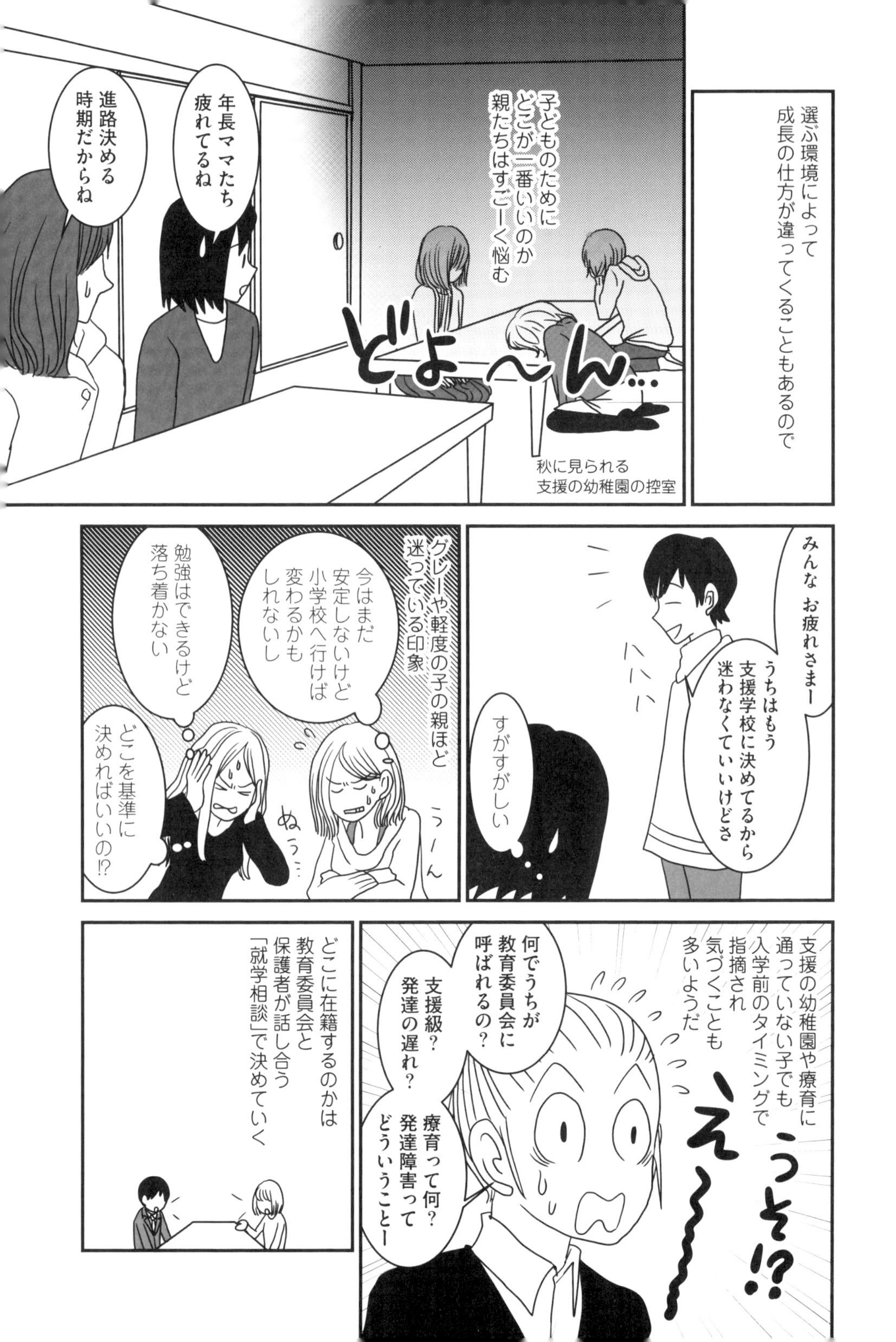

選ぶ環境によって成長の仕方が違ってくることもあるので
子どものためにどこが一番いいのか親たちはすごーく悩む
どよ〜ん…
秋に見られる支援の幼稚園の控室
年長ママたち疲れてるね
進路決める時期だからね
みんな お疲れさまー
うちはもう支援学校に決めてるから迷わなくていいけどさ
すがすがしい
グレーや軽度の子の親ほど迷っている印象
今はまだ安定しないけど小学校へ行けば変わるかもしれないし
う〜ん
勉強はできるけど落ち着かない
ぬう…
どこを基準に決めればいいの!?
支援の幼稚園や療育に通っていない子でも入学前のタイミングで指摘され気づくことも多いようだ
うそ!?
え〜〜〜〜
何でうちが教育委員会に呼ばれるの?
支援級? 発達の遅れ?
療育って何? 発達障害ってどういうことー
どこに在籍するのかは教育委員会と保護者が話し合う「就学相談」で決めていく

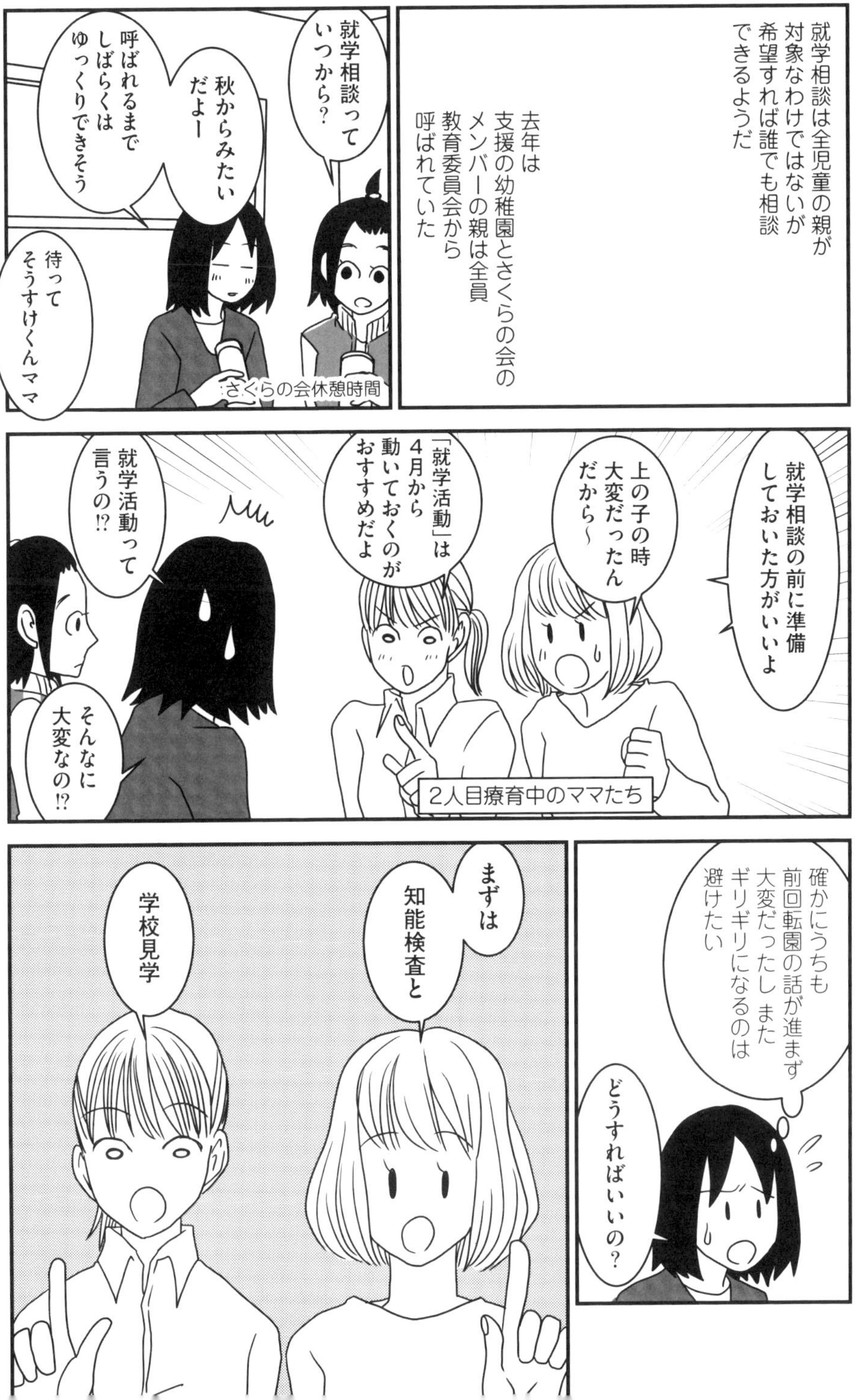
就学相談は全児童の親が対象なわけではないが希望すれば誰でも相談できるようだ
去年は支援の幼稚園とさくらの会のメンバーの親は全員教育委員会から呼ばれていた
就学相談っていつから?
秋からみたいだよー
呼ばれるまでしばらくはゆっくりできそう
さくらの会休憩時間
待ってそうすけくんママ
就学相談の前に準備しておいた方がいいよ
上の子の時大変だったんだから～
「就学活動」は4月から動いておくのがおすすめだよ
就学活動って言うの!?
そんなに大変なの!?
2人目療育中のママたち
確かにうちも前回転園の話が進まず大変だったしまたギリギリになるのは避けたい
どうすればいいの?
まずは
知能検査と
学校見学

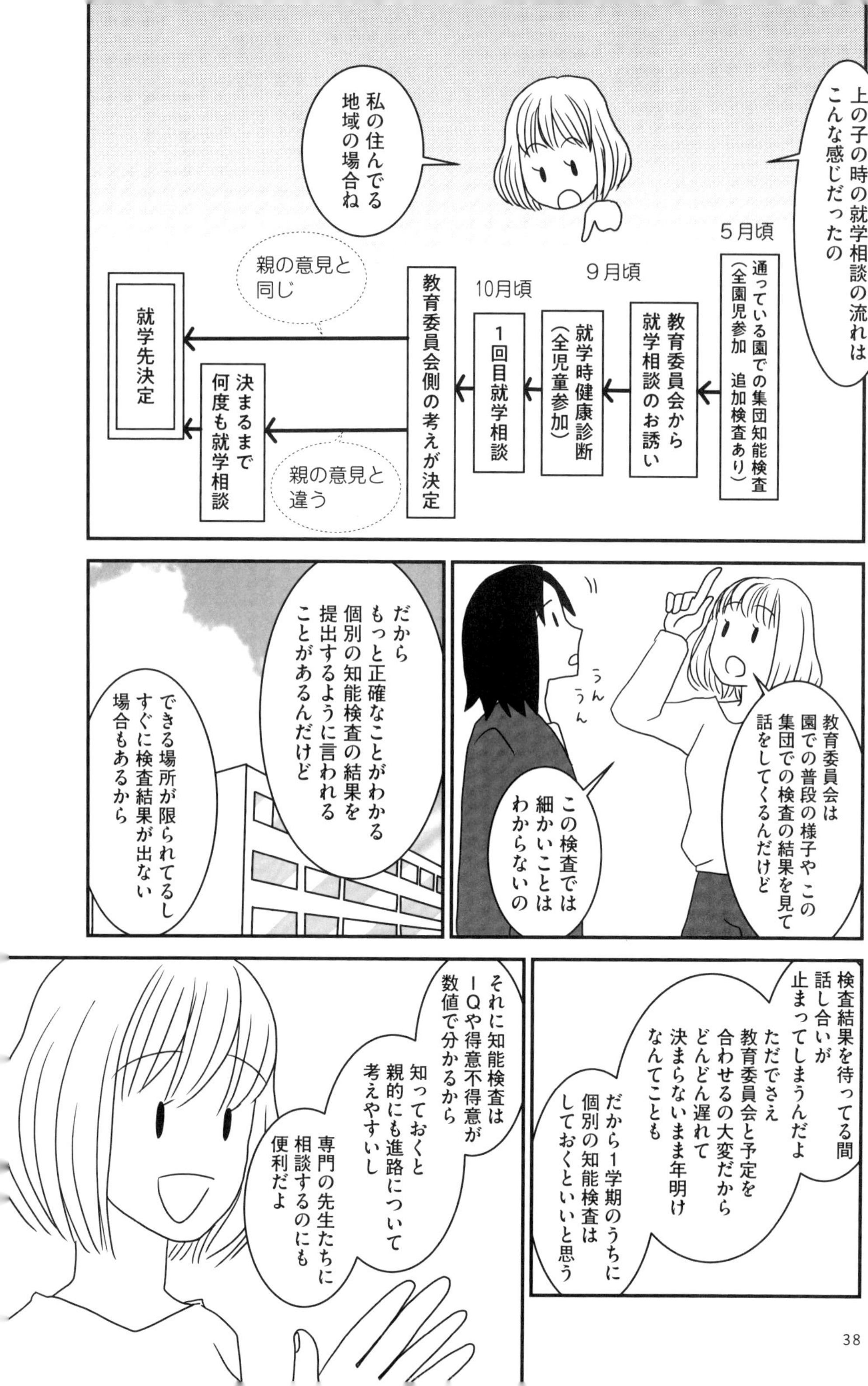
上の子の時の就学相談の流れはこんな感じだったの
私の住んでる地域の場合ね
5月頃
通っている園での集団知能検査（全園児参加　追加検査あり）
9月頃
教育委員会から就学相談のお誘い
就学時健康診断（全児童参加）
10月頃
1回目就学相談
教育委員会側の考えが決定
親の意見と同じ
就学先決定
親の意見と違う
決まるまで何度も就学相談
教育委員会は園での普段の様子やこの集団での検査の結果を見て話をしてくるんだけど
うんうん
この検査では細かいことはわからないの
だからもっと正確なことがわかる個別の知能検査の結果を提出するように言われることがあるんだけど
できる場所が限られてるしすぐに検査結果が出ない場合もあるから
検査結果を待ってる間話し合いが止まってしまうんだよ
ただでさえ教育委員会と予定を合わせるの大変だからどんどん遅れて決まらないまま年明けなんてことも
だから1学期のうちに個別の知能検査はしておくといいと思う
それに知能検査はIQや得意不得意が数値で分かるから
知っておくと親的にも進路について考えやすいし
専門の先生たちに相談するのにも便利だよ

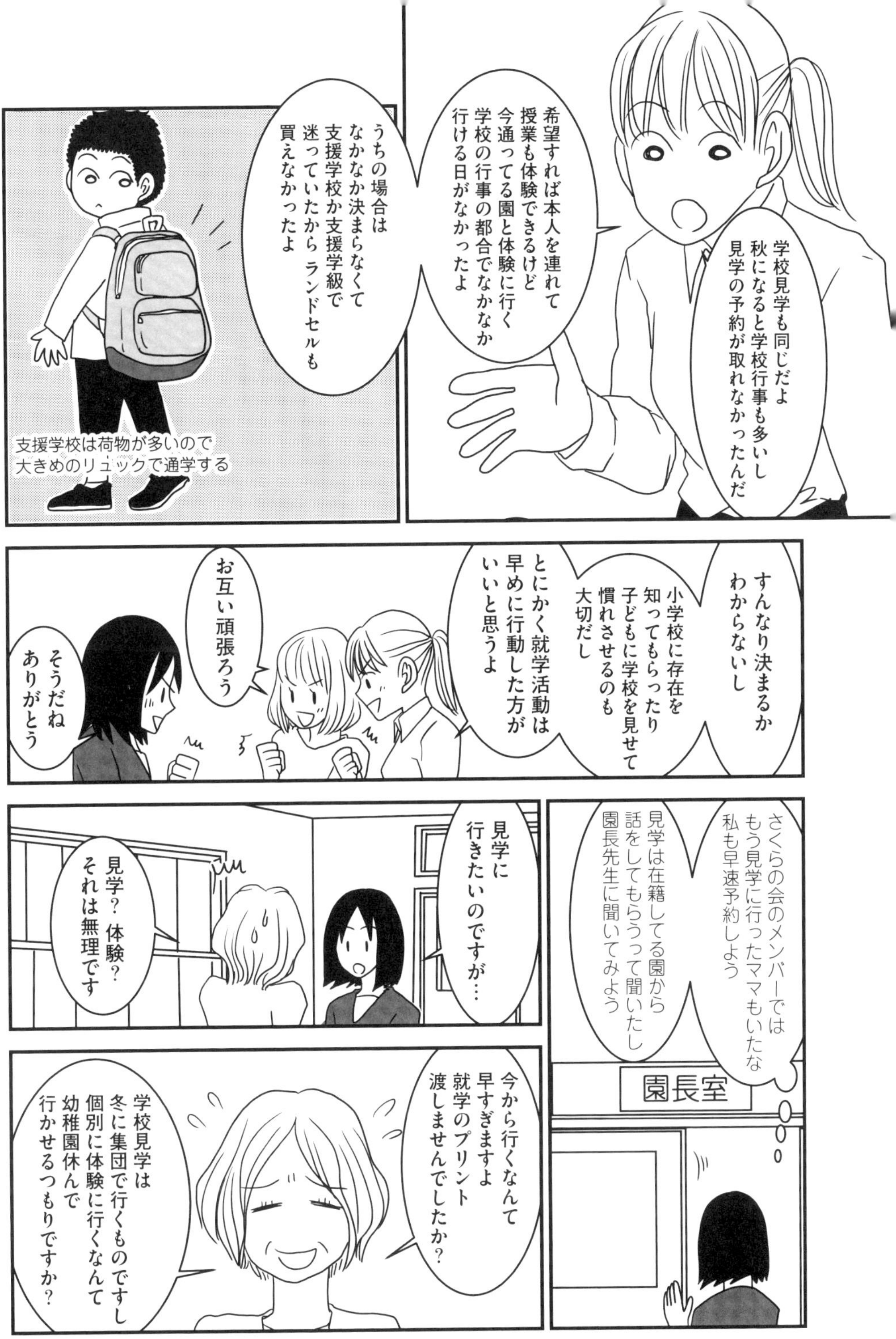
学校見学も同じだよ
秋になると学校行事も多いし
見学の予約が取れなかったんだ
希望すれば本人を連れて
授業も体験できるけど
今通ってる園と体験に行く
学校の行事の都合でなかなか
行ける日がなかったよ
うちの場合は
なかなか決まらなくて
支援学校か支援学級で
迷っていたから ランドセルも
買えなかったよ
支援学校は荷物が多いので
大きめのリュックで通学する
すんなり決まるか
わからないし
小学校に存在を
知ってもらったり
子どもに学校を見せて
慣れさせるのも
大切だし
とにかく就学活動は
早めに行動した方が
いいと思うよ
お互い頑張ろう
そうだね
ありがとう
さくらの会のメンバーでは
もう見学に行ったママもいたな
私も早速予約しよう
見学は在籍してる園から
話をしてもらうって聞いたし
園長先生に聞いてみよう
園長室
見学に
行きたいのですが…
見学？ 体験？
それは無理です
今から行くなんて
早すぎますよ
就学のプリント
渡しませんでしたか？
学校見学は
冬に集団で行くものですし
個別に体験に行くなんて
幼稚園休んで
行かせるつもりですか？

集団ではなく個別に学校の様子を見学したいんです
体験は必要ないようなら行かせるつもりはありません
同じ市内でもう見学をしている方もいると聞いたので学校側に聞いてみていただけませんか？
…わかりました
でも1学期は早すぎます9月にしましょう
何だろうこの違い地域の差？個人の経験？
まあそれでも最初の就学相談より前に行けるならいいとしよう
ちょっともやら…
次に個別の知能検査が受けられる病院に予約をした
今回の病院で年長さんが受けられる知能検査は2種類あった
どちらを受けるかは担当の先生が決めてくれた
ST
の先生
そうすけくんはウィスクにしましょう
2つの違いはざっくり説明するとこんな感じ
田中ビネー知能検査V
適応年齢：２歳から成人
実施時間：60分から90分
「思考」「言語」「記憶」「数量」「知覚」などの問題で構成されていて精神年齢 生活年齢 比較知能指数が測れる
WISC－Ⅳ（ウィスク・フォー）
適応年齢：５歳から16歳11カ月
実施時間：60から90分
「言語理解」「知覚推理」「作業記憶」「処理速度」
４項目のIQと「全検査IQ」を測れる
田中ビネーは幼稚園入園前などでも受けられる知能検査
ウィスクの方が細かい数値が知れるようだけど とても集中力を使うので苦手な子は難しいらしい

そして個別の知能検査の日
がががが
ドンッ
うるさくて ごめんねー 急に 工事が入っちゃって
頑張ろー
ゴンッ
はーい…
春の運動会練習終わりに 遠くの病院まで 連れてこられて 見るからに疲れている
なかなかひどい コンディションだな
ががががが
問題は外に知られてはいけない 決まりなので お母さんはココで お待ちください
はい
そうか練習とかしたら 正確な数値は出せない もんなー
1時間以上検査って 長いな 大丈夫かな…
せめて運動会 終わってからにすれば よかったかな…
がが
ガラッ
終わりました
そうすけくん 頑張りましたよ
疲れたー
へろ~
ありがとう ございます
じゃあ結果は 主治医の先生に 送っておきますので 来週の受診の時 聞いてください
がが
1週間後
ウィスクの結果 来てますね

ん
これは…
ハッ
何？何？
思ったよりよくない？
やっぱりもっと
いい状態の時
受ければよかった？
通級じゃなくて
支援級の方がいいって
なるかな？
ドキドキ
ドキドキ
思ったよりずっといいね
通常学級に行ける数値ですね
…え？
そうなんですか？
??
ポカーン
想定外の結果についていけない
うんうん
まあ検査で測れない
こともあるから
数値が高ければ
大丈夫ってわけでも
ないですが
お母さんの話聞くと
この半年ですごい
伸びてますよね
幼稚園でも問題なく
過ごせているなら
通常学級でも
大丈夫だと
思いますよ
ポヤー
私の中では想定外の結果だった
だって…
長男とタイプが似てると
周囲や療育の先生から言われた子たちは
みんなIQが境界線だったから…
情緒障害支援学級
に決まったけど
IQが73だったから
境界線って言われた
うちは68で
軽度知的障害って
言われたよ
小学校は
知的障害支援学級に
なるみたい
けいたくんが？
長男より
ひらがな得意だし
コミュ力あるのに

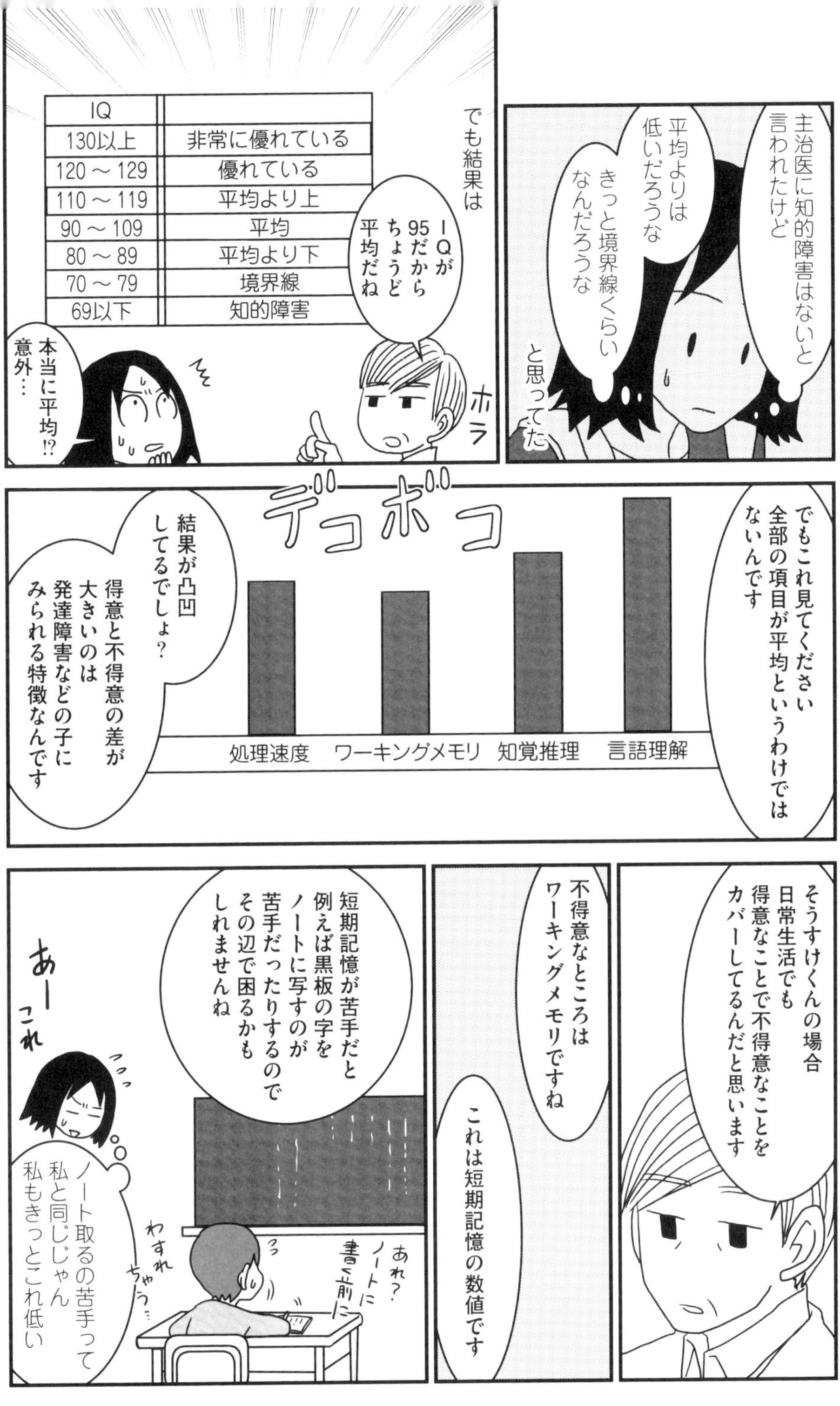
主治医に知的障害はないと言われたけど
平均よりは低いだろうな
きっと境界線くらいなんだろうな
と思ってた
でも結果は
IQ
130以上 非常に優れている
120～129 優れている
110～119 平均より上
90～109 平均
80～89 平均より下
70～79 境界線
69以下 知的障害
IQが95だからちょうど平均だね
ホラ
本当に平均!?意外…
でもこれ見てください全部の項目が平均というわけではないんです
デコボコ
処理速度
ワーキングメモリ
知覚推理
言語理解
結果が凸凹してるでしょ?
得意と不得意の差が大きいのは発達障害などの子にみられる特徴なんです
そうすけくんの場合日常生活でも得意なことで不得意なことをカバーしてるんだと思います
不得意なところはワーキングメモリですね
これは短期記憶の数値です
短期記憶が苦手だと例えばノートに黒板の字を写すのが苦手だったりするのでその辺で困るかもしれませんね
あれ?ノートに書く前に
わすれちゃう…
あー
これ
ノート取るの苦手って私と同じじゃん私もきっとこれ低い

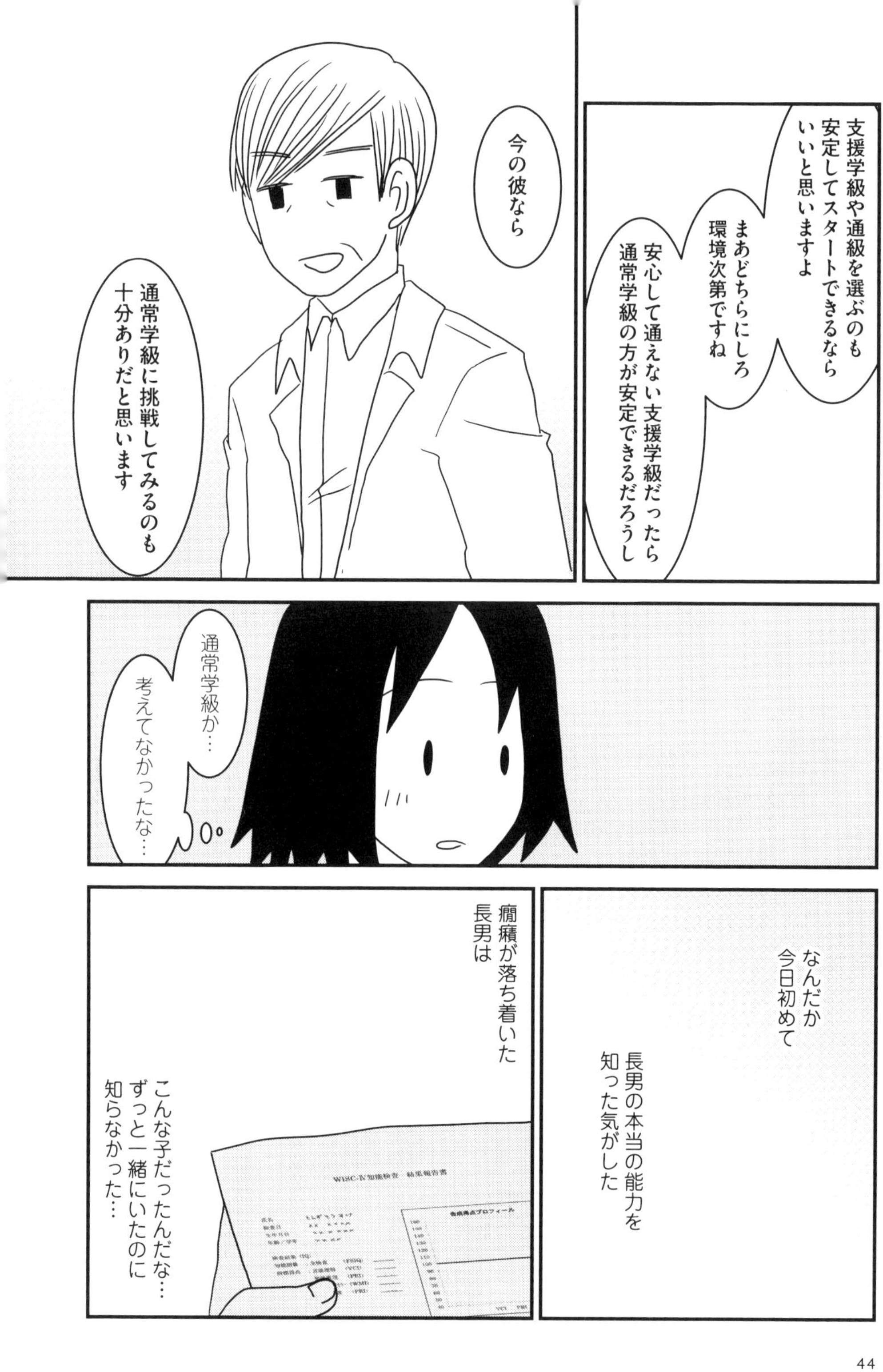
支援学級や通級を選ぶのも安定してスタートできるならいいと思いますよ
まあどちらにしろ環境次第ですね
安心して通えない支援学級だったら通常学級の方が安定できるだろうし
今の彼なら
通常学級に挑戦してみるのも十分ありだと思います
通常学級か…
考えてなかったな…
なんだか今日初めて
長男の本当の能力を知った気がした
癇癪が落ち着いた長男は
こんな子だったんだな…
ずっと一緒にいたのに知らなかった…
WISC-Ⅳ知能検査　結果報告書

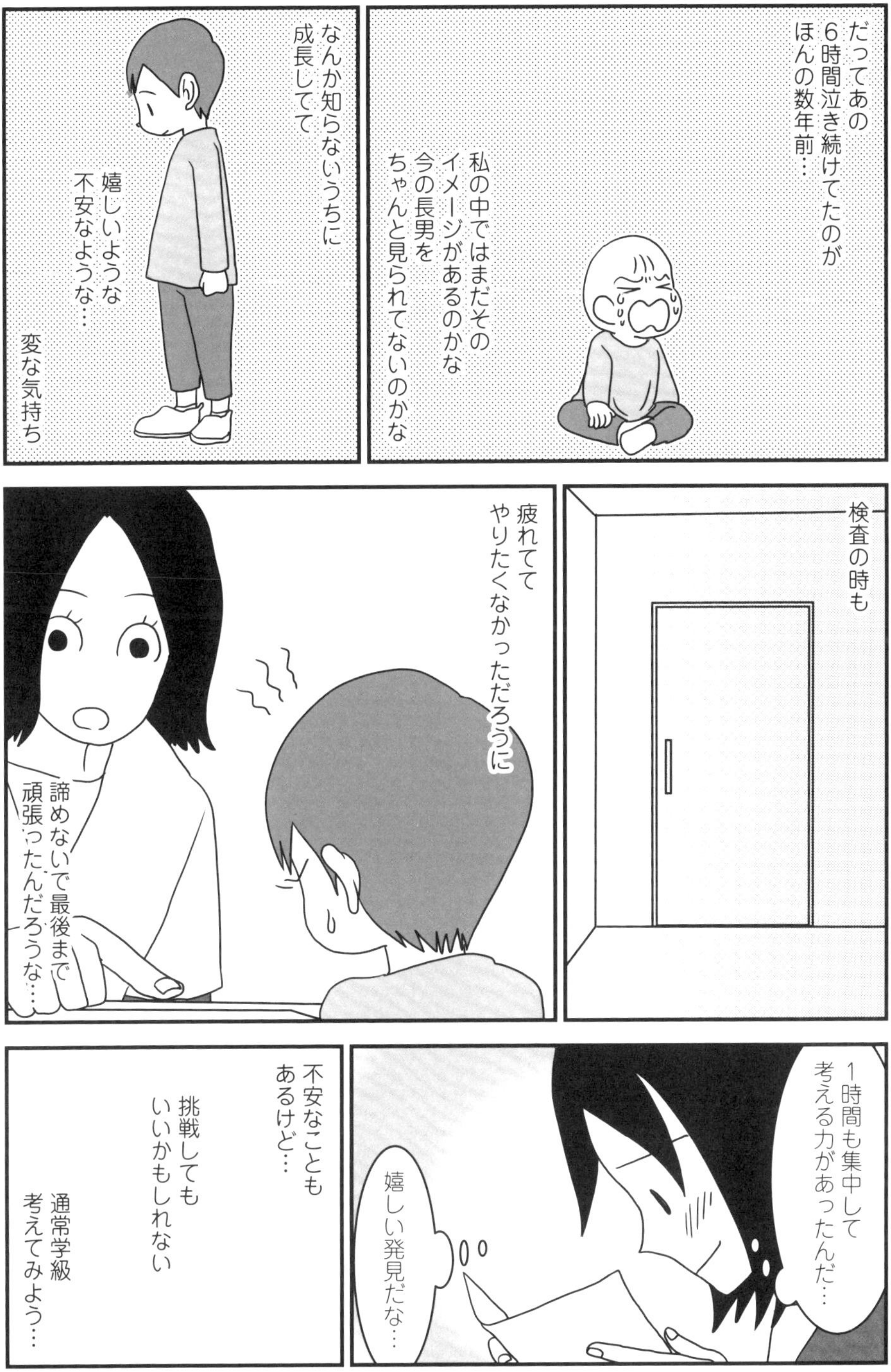
だってあの
6時間泣き続けてたのが
ほんの数年前…
私の中ではまだその
イメージがあるのかな
今の長男を
ちゃんと見られてないのかな
なんか知らないうちに
成長してて
嬉しいような
不安なような…
変な気持ち
検査の時も
疲れてて
やりたくなかっただろうに
諦めないで最後まで
頑張ったんだろうな…
1時間も集中して
考える力があったんだ…
嬉しい発見だな…
不安なことも
あるけど…
挑戦しても
いいかもしれない
通常学級
考えてみよう…

跳べる？ 跳べない？

次男はジャンプがなかなかできなかった
運動会のダンスも跳べず心配された
ぴょん
ぴょん
とて
とて
ぴょん
ぴょん
専門の先生の指導や本人の成長で―
最近 跳べるようになった
バイン
バイン
ダン
跳べるようになってから
ずっと跳んでる
ヒャ
ヒャ
ヒャ
ぴょ
ず――――っと跳んでいる
理学の先生が言ってた通りになったな…
キャー
キャー
ぴょ
ぴょ
ぴょ

うつる

うちの子は言葉で教えることが難しい動きがなかなか覚えられない
スキップや自転車 鉄棒
チョキの形やハサミ名札も苦戦した
〇〇小学校
1年1組
もんずそうすけ
先生と一緒に何度教えてもできないことがある一方で
どうでもいいことは見ただけで自然と覚える
プゥ
唾風船
そして簡単にうつる…
ププゥ
疲れてるとたまに虚しくなる

4話

「加害者」と「被害者」の可能性

長男は2歳の頃
ジャイアンのような
子だった
むち
むち
ドーン
言葉が出ず 他者と
コミュニケーションを
取れなかったので
欲しいものは
勝手に奪い
バッ
何をやるにも
自分が一番で一方的
邪魔なものは
押しのけ
ドン
思うようにいかないと
癇癪を起こし泣く日々
あ゛あ゛あ゛あ゛
それから数年
言葉も増え
癇癪が落ち着いた
現在は
どちらかというと
のび太のような
子になった
ひょろ〜ん
だる〜ん
忘れ物は
多く
あれ?
ハブラシは?
あ
わすれた
運動音痴で
泣き虫
わ〜ん
指示がうまく
聞き取れない
ことがあるので
行動が周囲より
遅れがち
なので

ちょっと
からかわれやすそうな
子になった
幸い幼稚園では
先生の指導と
周囲の子たちのおかげで
楽しく過ごせていたが
さくらの会には
長男をからかう
るうとくん
という子がいた
るうとくんが
長男をからかうのは
たぶん反応が面白いから
ひひひ
ドン
例えばさくらの会で
他の子をからかっても
…やめて
ボソ
↑他人に興味ない
つんつん
おもちゃに夢中で
聞こえない→
多くの子は相手に
してくれない
でも長男は
ちょっとのことでも
大げさに反応する
やめろ
バカー
ムキ〜
ぬう〜
つんつん
つんつん
キャキャ
プリプリ
バタバタ
本人には悪いが
私から見ても正直面白い

面白いけど
お互い引き際が
わからないので
いつも最後には
パーーンチ
ドン
いたっ
わあぁぁぁん
ぴゅ
まずい
コラ
るうとーっ
長男が泣き
るうとくんが怒られて
終わることになってしまう
もう
るうとくんとこ
行かない
昔と
真逆の立場に
なったなー
スン
スン
今日そうちゃんが
いる怖いよ
私児童館入らない
ごめんね
思い返すと
支援の幼稚園でも
こういう問題が
よくあった
それぞれの特性もあり
集団で生活すると
加害者側の子は
いつも加害者になり
被害者側の子は
いつも被害者
喧嘩や争いが
お互いさまにならず
一方的になってしまっていた

先生や保護者など大人が多いから危険なことはすぐに止められたけどトラブルはあり
カプッ
いたいっ
中には…
もう幼稚園に行きたくない怖いよー
しくしく
夜泣きするほど怖かったの…？
また傷ができた…
この子は言葉が話せない
痛くても何も訴えられないのにあんまりだ
すみませんすみません
なんでうちの子は人を傷つけちゃうんだろう
私の育て方が悪いのかな…どうすればいいの…？
子どもと一緒に親も悩んでいた

度合いは違えど
両方経験した身からすると
やっぱりどちらも辛い
キリキリキリ
だからるうとくんを
あまり責める気持ちに
なれない…
発達障害を
否定的に見る人たちがいるのは
悲しいけど
納得できてしまうところもある
お互いの特性を知っている
当事者の親同士でも
嫌な気持ちになるのだ
それが発達障害を
よく知らない人からすれば
もっと嫌だよね
今日もうちの子
叩かれて傷ができたの
障害って
言ってきたけど
しつけの問題でしょ？
悪いけど治せないなら
家に閉じ込めとけって
思ったよ
迷惑だもん
以前
うちの子が凸凹と知らず 知人が
娘のクラスのADHDの男の子の
ことを愚痴ってた
大変だったね
話聞くと
確かにひどいけど…
複雑
うちの子も
何かあったら
こんな風に
思われるのかな…
そうなったら
どうすればいいのかな…

気持ちを
コントロールしようと
頑張ってもうまくできず
些細なことで
パニックになって
人や物に当たってしまう
人との距離感がわからず
ぶつかったり
しつこくからかってしまう
コミュニケーションが苦手で
相手を怒らせたり
悲しませるようなことを
つい口にしてしまう
頑張っても
忘れてしまう
同じミスを繰り返して
イライラしてしまう
他者に
迷惑をかけてしまう要素は
確かに多い…
そこから
次のトラブルになってしまうことも
あるんだろうな…
何か問題が起きた時に
障害を免罪符として
私は使いたくないと
思う
だって障害とわかってても
やられたら
悲しいことはあるし
人を
傷つけてしまったことには
変わりないと思うから
障害や病気を
甘えと考えたり
できないことを
努力が足りないみたいに
考えるのはまた違うと思うし
障害を理由に
何かを制限されるのは
違うと思うけど
特性のある子も人も保護者も
「加害者」や「被害者」に
なりやすい要素を持っている
ことを
考えておかなければ
ならないのかなとは思った

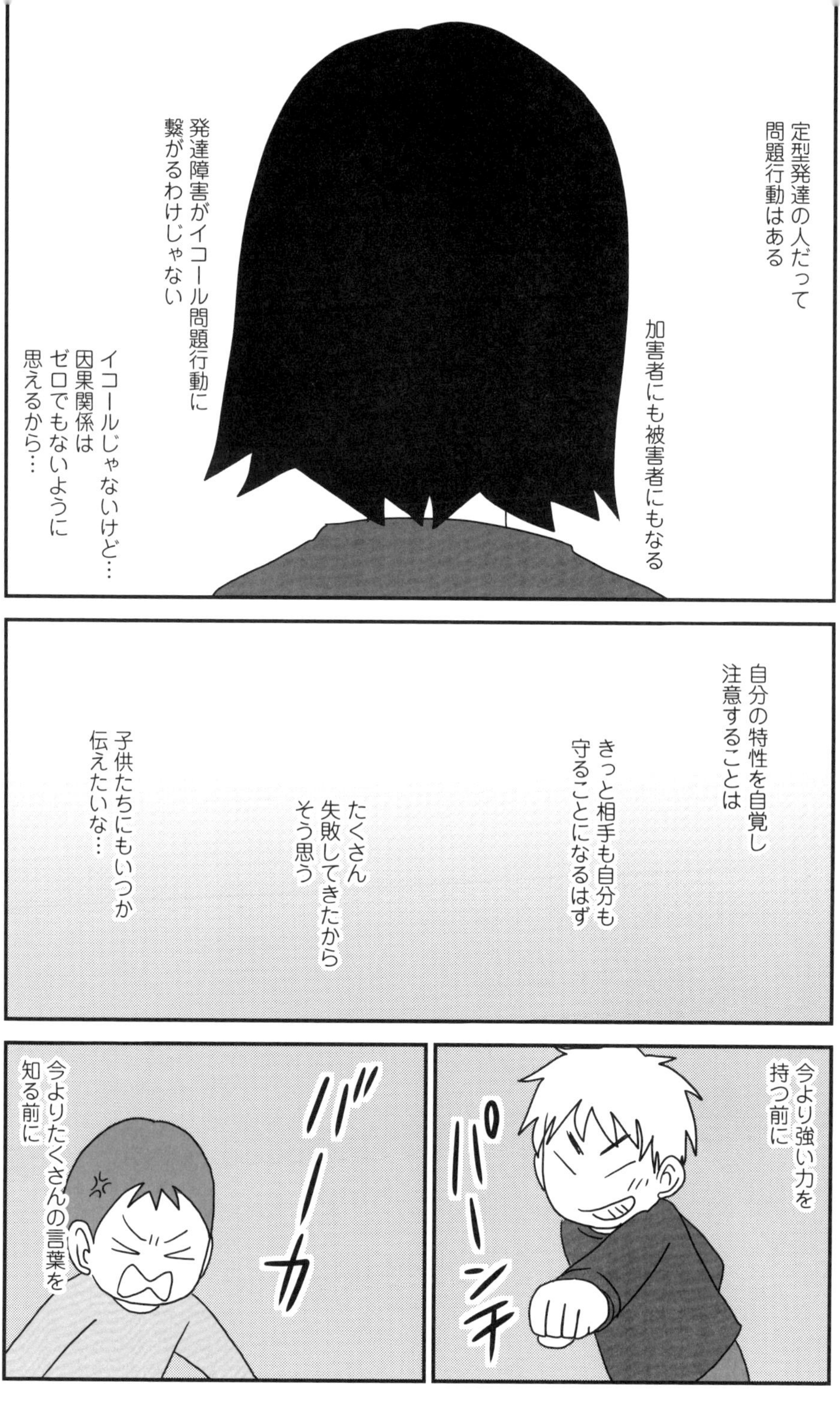
定型発達の人だって
問題行動はある
加害者にも被害者にもなる
発達障害がイコール問題行動に
繋がるわけじゃない
イコールじゃないけど…
因果関係は
ゼロでもないように
思えるから…
自分の特性を自覚し
注意することは
きっと相手も自分も
守ることになるはず
たくさん
失敗してきたから
そう思う
子供たちにもいつか
伝えたいな…
今より強い力を
持つ前に
パーンチ
バーカ
今よりたくさんの言葉を
知る前に

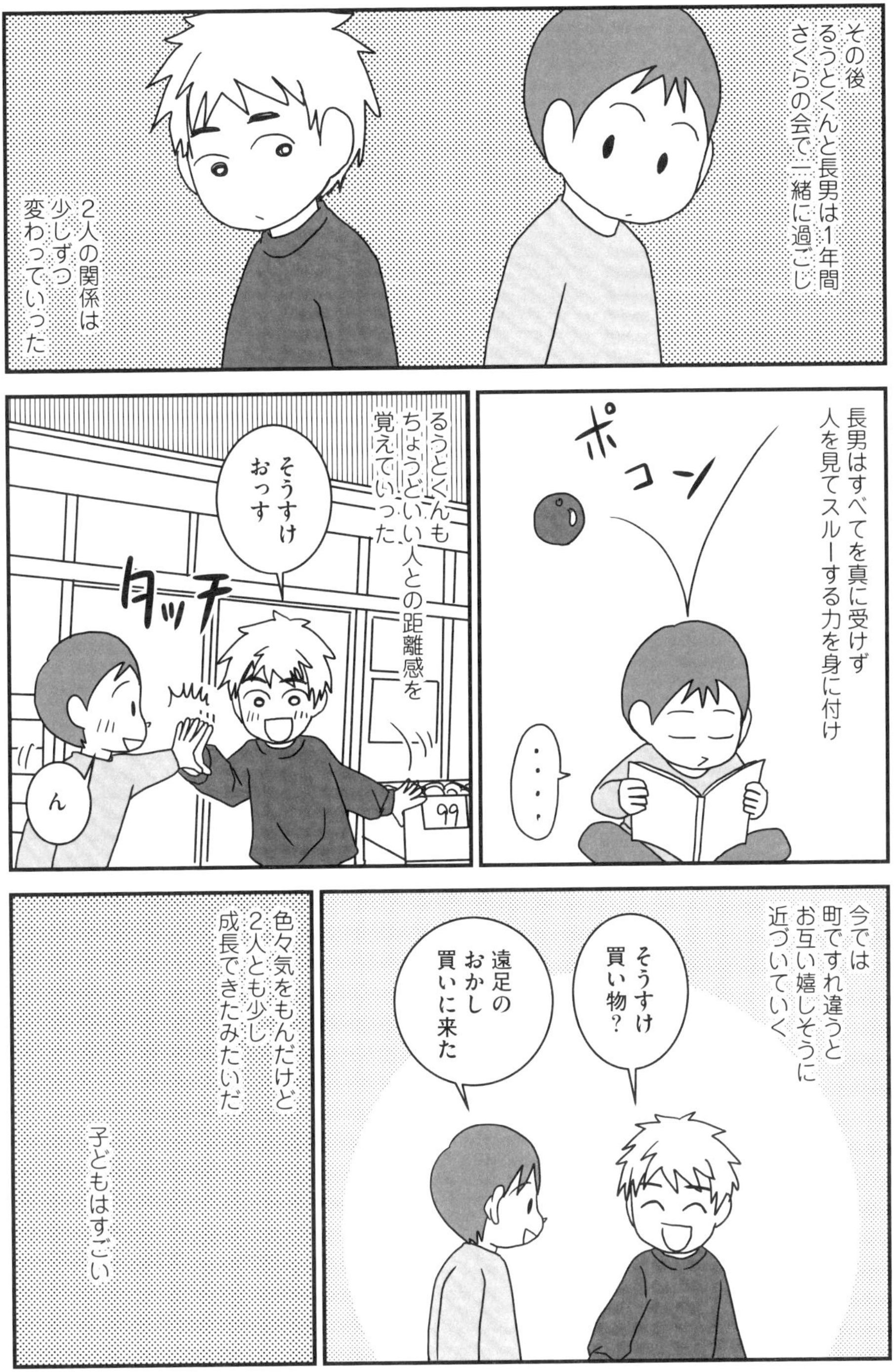
その後
るうとくんと長男は1年間
さくらの会で一緒に過ごし
2人の関係は
少しずつ
変わっていった
長男はすべてを真に受けず
人を見てスルーする力を身に付け
ポコーン
…
るうとくんも
ちょうどいい人との距離感を
覚えていった
そうすけ おっす
タッチ
ん
今では
町ですれ違うと
お互い嬉しそうに
近づいていく
そうすけ 買い物？
遠足の おかし 買いに来た
色々気をもんだけど
2人とも少し
成長できたみたいだ
子どもはすごい

りんごあめ

周囲への支援

5話

次男の成長と課題

1歳の時に言葉と運動の発達の遅れを指摘され
家ではお喋りだが保育園ではほとんど喋らず
・・・
心配していた次男
転園後の保育園ではたくさん褒めてくれる大好きな先生ができ
ゆうこ先生どんぐり見つけた
すご〜い
園でも話すようになり
家でも園の話をしてくれるようになった
ゆうこ先生と給食食べた
ゆうこ先生が体操教えてくれた
そっか〜
いい先生でよかった〜
行事などを見に行ってもみんなと一緒に歌ったり踊ったりできるようになってきた
今まで通っていた保育園では迎えに行くとその日できなかったことを伝えられたが
新しい保育園の先生は毎日できたことを伝えてくれた
あゆむくんはパズルが得意ですね
今日はパズルを3つ同時に作ってましたよ
そうなの⁉ 家ではまったくやらないしさすがに話を盛りすぎでは…

疑いつつ家に帰ってパズルを渡したら…
本当にやってる
普段集中力の続かない次男が!?
サク
サク
次男の話をまとめると——パズルができたことを先生がたくさん褒めてくれたので好きになったらしい
ゆうこ先生がパズルくれるの
おぉー…
先生ありがとう——
転園前の保育園のように遅れを指摘してくれるのは
今日は—…
すみません
日々の様子がわかってありがたいのだけど
毎日言われると疲れてる時は辛いな…
今みたいに褒めてもらえると子どもは伸びるし親も気持ちが安定してくる気がする
自然と親子関係も穏やかになった
あゆむ運動会の練習頑張ってるんだねすごいねー
なんだかいい方に向かってる気がして嬉しい
だけど面談の日

あゆむくん
ダンスでできない動きが
あったのですが
発表会前日になんとか
できるようになりました
お箸なども
頑張ってますが
難しいようで…
家ではどうですか?
ゆるく発達の遅れを
心配された
次男は保育園で自分から行動せず
いつも指示を待っているらしい
ポケー
他の子と競うことがないので
トラブルはないが
のたのた
オレが先
オレが一番
ダダダダダダ
「勝ちたい」
「上手になりたい」
という気持ちが少ないので
行動や上達が遅く
前の保育園同様
集団での指示は
伝わりづらい
ようだ
運動会や発表会は
よくできてたけど
担任の先生が他の子より
丁寧に教えてくれたん
だろうな…
ありがたいけど
なんか申し訳ない
そりゃそうだよね
先生との相性がよくても
遅れがなくなるわけじゃ
ないし
あまりに変わったから
もしかしたらこのまま
平均においつくのかなと
勝手に期待しすぎた

私も次男の様子で
気になるところはいくつかあった
長男と違い次男は大体のことで
集中力が続かない
長男はよくも悪くも
カッコつけの完璧主義
うまくできない
くやしい
かっこわるい
わーーん
それゆえの失敗も多いが
どんなに時間がかかっても
泣きながらでも
最後まで諦めずやるので
なんだかんだ前に進んでいる
一方次男は
もういいー
できないと
すぐに諦めてしまい
以後まったくやらなくなる
次男は長男より器用
なのでそれほど
困った経験も少ない
はさみやボタンは
あまり教えなくてもできた
それともう一つ
気になるのは…
そっ
あゆむくん
どうしたの？
んっ
んっ
あら
ジュースの
ストローが
取れないの？
いいよ
やってあげる

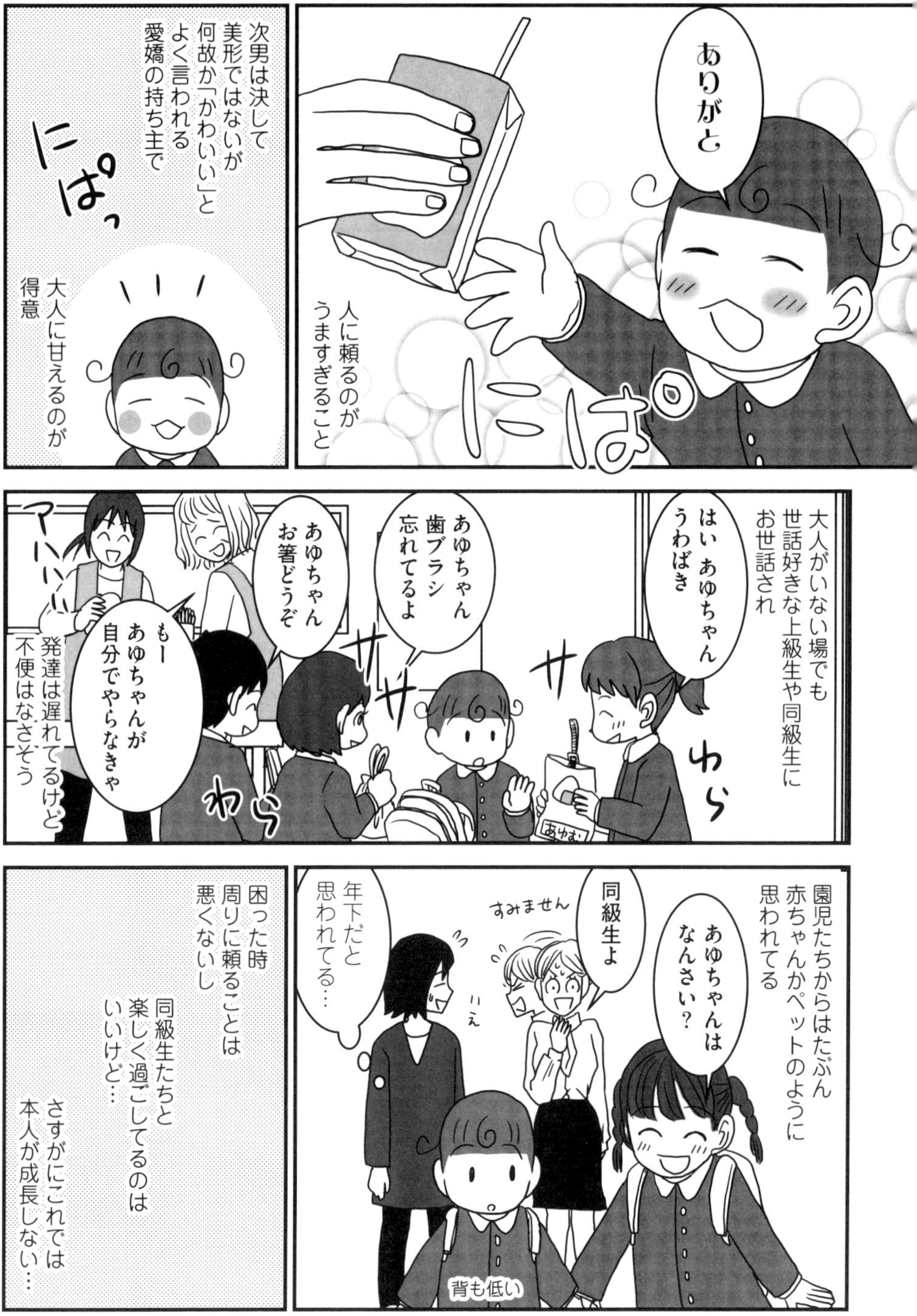
ありがと
にぱ
人に頼るのがうますぎること
次男は決して美形ではないが何故か「かわいい」とよく言われる愛嬌の持ち主で
にぱっ
大人に甘えるのが得意
大人がいない場でも世話好きな上級生や同級生にお世話され
はい あゆちゃん うわばき
サ
ゆら
あゆむ
あゆちゃん 歯ブラシ忘れてるよ
サ
あゆちゃん お箸どうぞ
もー あゆちゃんが自分でやらなきゃ
わら
アハハ
発達は遅れてるけど不便はなさそう
園児たちからはたぶん赤ちゃんかペットのように思われてる
あゆちゃんはなんさい?
同級生よ
すみません
いえ
年下だと思われてる…
背も低い
困った時周りに頼ることは悪くないし
同級生たちと楽しく過ごしてるのはいいけど…
さすがにこれでは本人が成長しない…

長男は「周囲に合わせたい派」なので特別扱いは苦手なところもあるが
そうすけくんはできる範囲でいいよー
なんでオレだけ!?
ガーン
次男は自分は自分
あむはブドウ色が好きだからブドウ色塗る
あゆむくんは自由人ねー
周りと違っても気にならない
↑消防車のぬりえ
保育園入園当初からアレルギーのため一人別の席で食事を取り
行動が遅かったためいつも先生にだっこされてたので
いつものポジション
特別扱いに慣れてしまっているのかもしれない
家では厳しくしようと思うが…
できることは自分でやるんだよ
うんごめんね
あとね
何?
返事はいい↑
きゅるん
実はあむお母さんのこと好きなんだ
こそっ
お母さんも大好きだよっ
ぎゅううう
気づくと次男のペースになってしまう

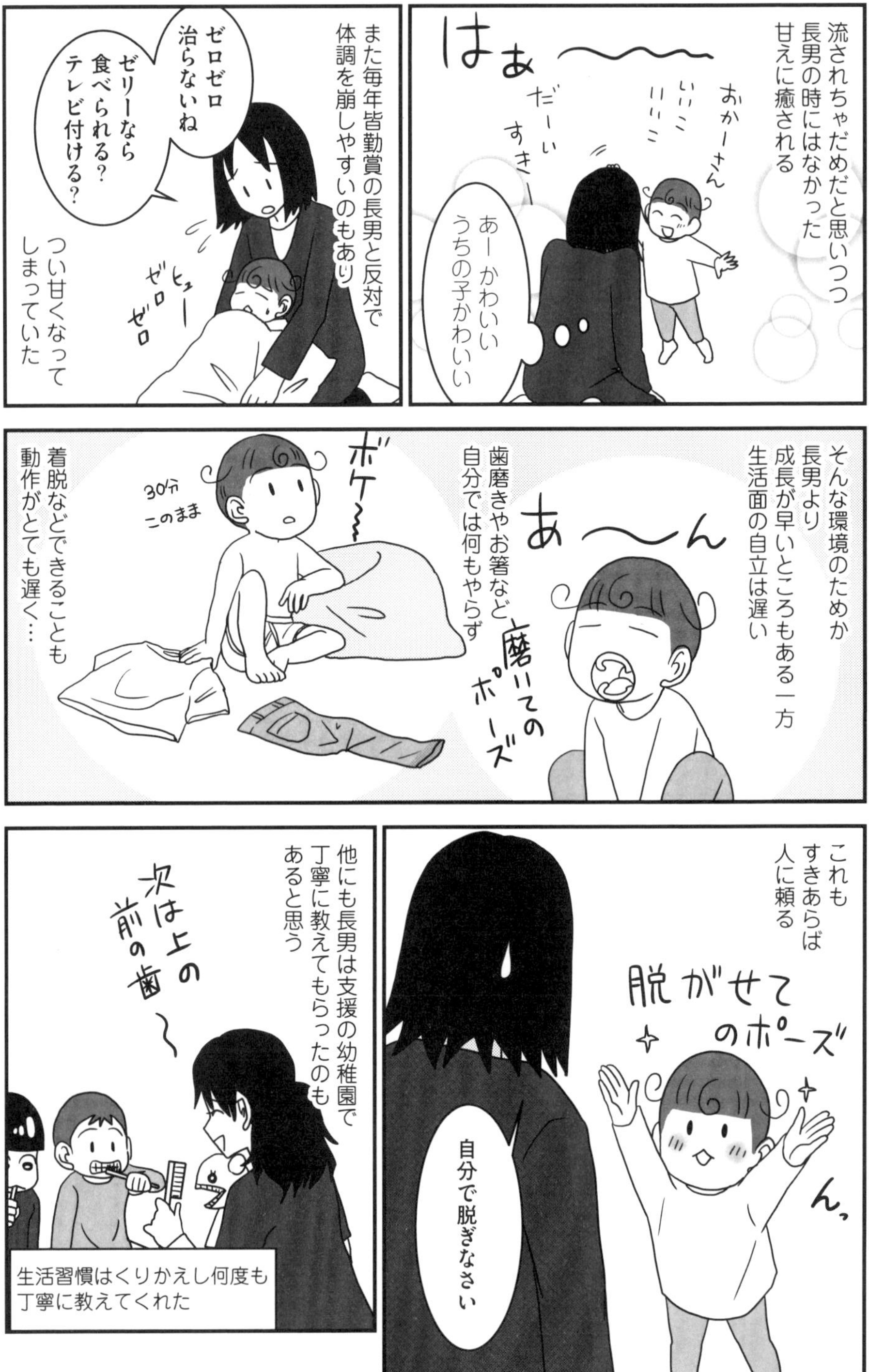
流されちゃだめだと思いつつ
長男の時にはなかった
甘えに癒される
はぁ〜〜〜
おかーさん
いいこ いいこ
だーいすきー
あーかわいい
うちの子かわいい
また毎年皆勤賞の長男と反対で
体調を崩しやすいのもあり
ゼロゼロ
治らないね
ゼリーなら
食べられる？
テレビ付ける？
ヒュー
ゼロゼロ
つい甘くなって
しまっていた
そんな環境のためか
長男より
成長が早いところもある一方
生活面の自立は遅い
あ〜ん
磨いてのポーズ
歯磨きやお箸など
自分では何もやらず
ボケ〜
30分
このまま
着脱などできることも
動作がとても遅く…
これも
すきあらば
人に頼る
脱がせて
のポーズ
んっ
自分で脱ぎなさい
他にも長男は支援の幼稚園で
丁寧に教えてもらったのも
あると思う
次は上の
前の歯〜
生活習慣はくりかえし何度も
丁寧に教えてくれた

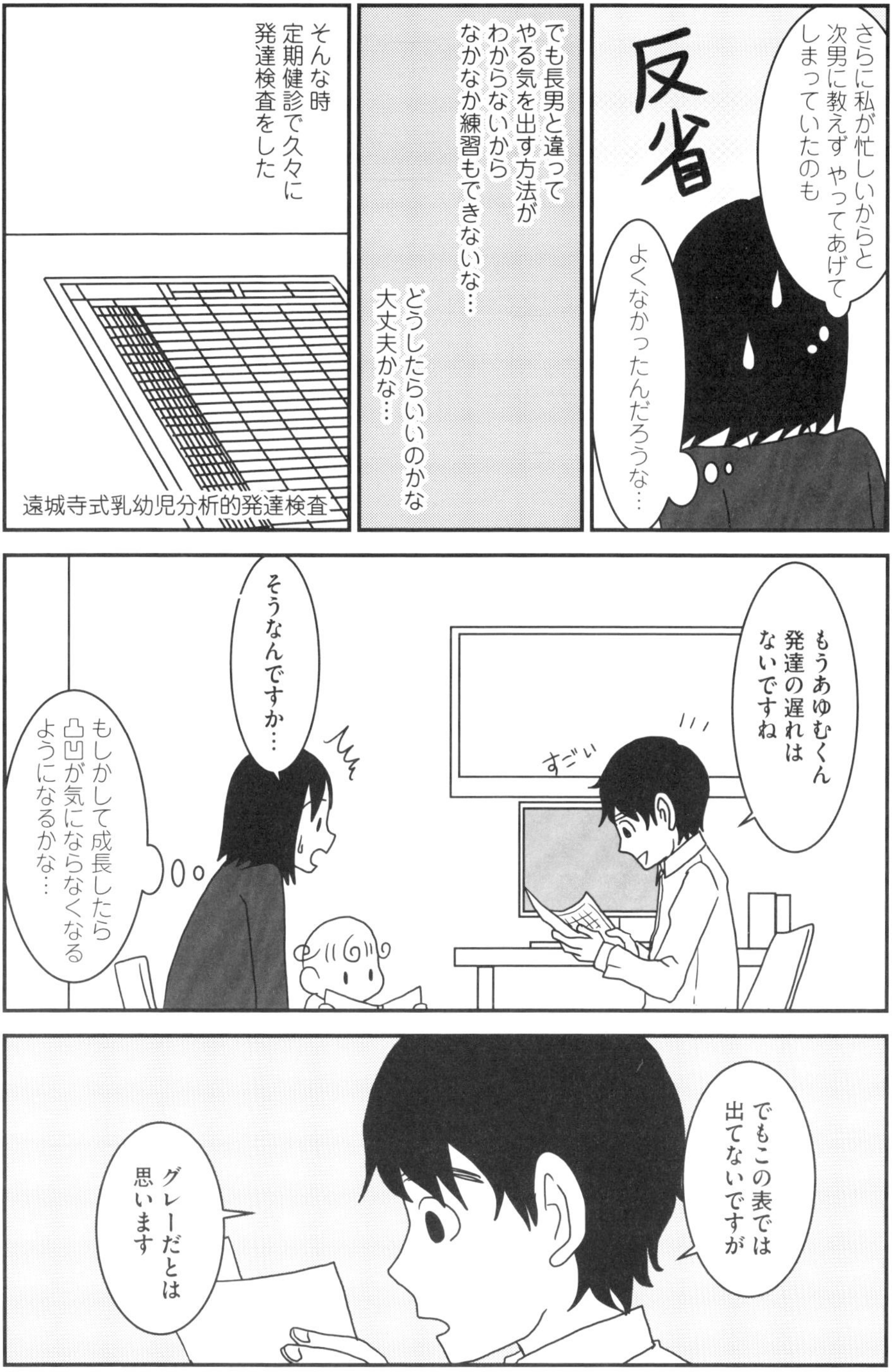

さらに私が忙しいからと次男に教えずやってあげてしまっていたのも
反省
よくなかったんだろうな…
でも長男と違ってやる気を出す方法がわからないからなかなか練習もできないな…
どうしたらいいのかな大丈夫かな…
そんな時定期健診で久々に発達検査をした
遠城寺式乳幼児分析的発達検査
もうあゆむくん発達の遅れはないですね
すごい
そうなんですか…
もしかして成長したら凸凹が気にならなくなるようになるかな…
でもこの表では出てないですが
グレーだとは思います

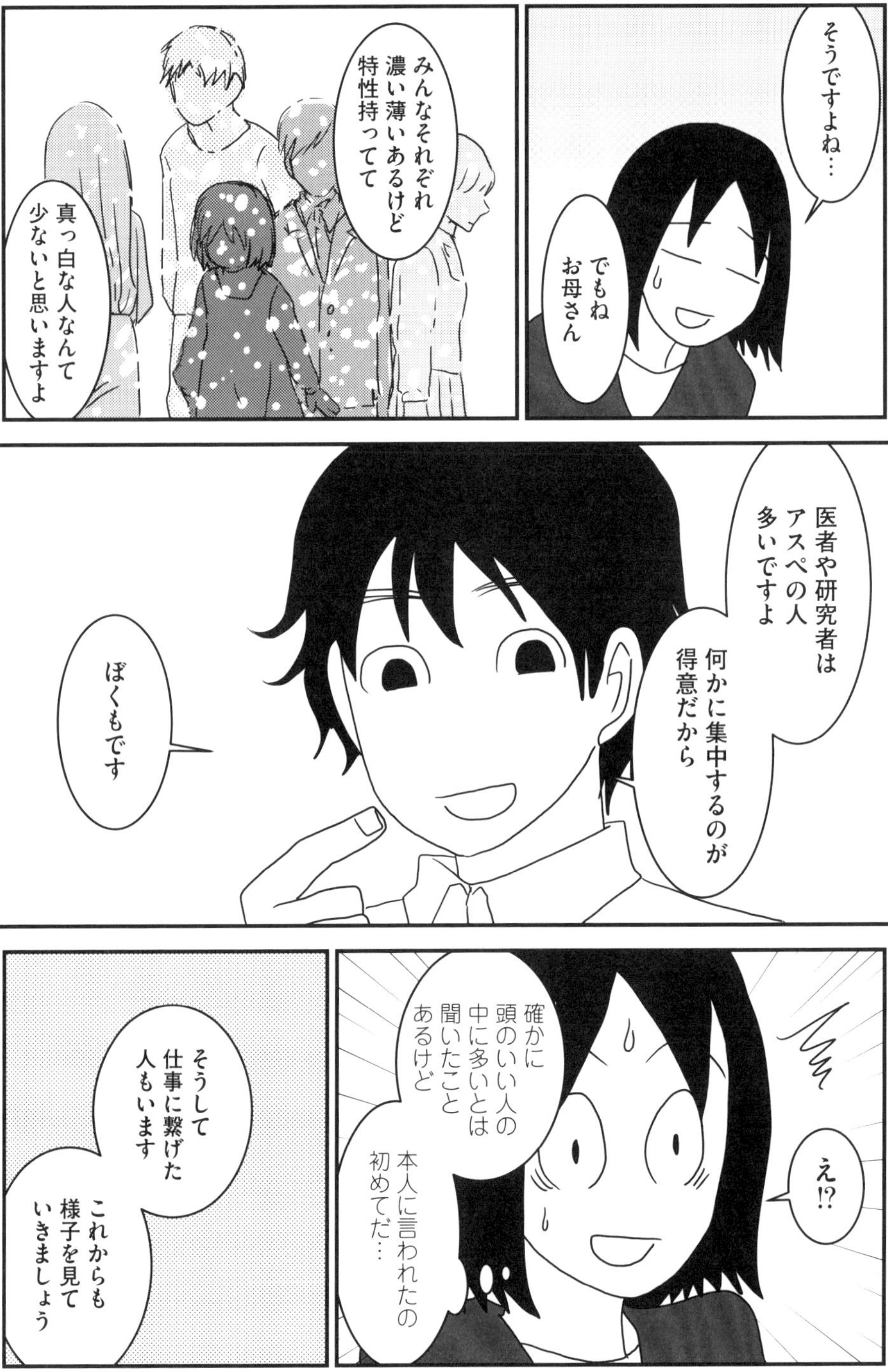
そうですよね…
でもね お母さん
みんなそれぞれ 濃い薄いあるけど 特性持ってて
真っ白な人なんて 少ないと思いますよ
医者や研究者は アスペの人 多いですよ
何かに集中するのが 得意だから
ぼくもです
え!?
確かに 頭のいい人の 中に多いとは 聞いたこと あるけど
本人に言われたの 初めてだ…
そうして 仕事に繋げた 人もいます
これからも 様子を見て いきましょう

医者かー さすがにそれは 難しいだろうけど…
確かに 特性を生かしつつ 仕事にできたら いいよね…
実際は できない人が たくさんいるけど…
でも
気休めでも しっかり働いてる 当事者に言われると
気持ちが楽になった
小さなことで すぐ一喜一憂して 心配してしまうけど
それでも 次男なりに 日々成長してる
まだ想像できないけど この子もいつか
パズルみたいに 集中して楽しめる 自分に合う道が 見つかるのかも しれない…
気長に 見守ってみよう

どちらも苦手

だからこれは何回も言ったやつでしょ
ちゃんと聞いて
イライラ イライラ イライラ
←教わるのがヘタ
イライラ イライラ イライラ
イライラ イライラ イライラ
教えるのがヘタ→
どうすればいいんだ…
ぐて…

英語

次男 保育園で英語を習った
ネコはキャット
おーじゃあ犬は?
ドッグ
おー
サルは?
モンキー
じゃああゆむは(笑)
アユムモンーズゥ
答えた!?
しかもなんかそれっぽい発音
まさかこの子才能が…!?
お母さん次は?
次?じゃあ…お芋は?
お芋?お芋は…
オイモモンーズゥ
ドヤ
…うんなるほど…

6話

イライラとの付き合い方

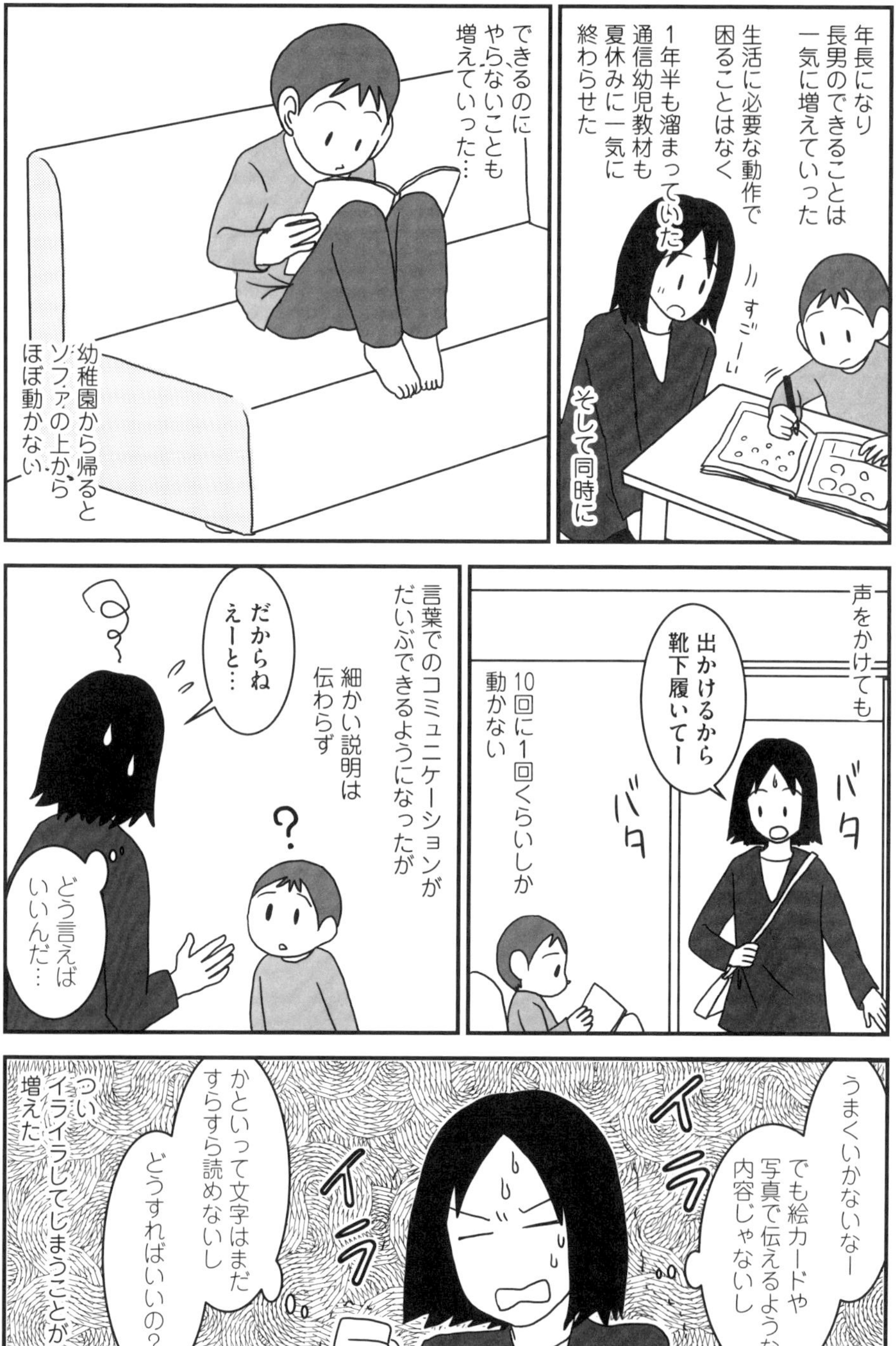
年長になり
長男のできることは
一気に増えていった
生活に必要な動作で
困ることはなく
1年半も溜まっていた
通信幼児教材も
夏休みに一気に
終わらせた
すごーい
そして同時に
できるのに
やらないことも
増えていった…
幼稚園から帰ると
ソファの上から
ほぼ動かない
声をかけても
出かけるから靴下履いてー
バタバタ
10回に1回くらいしか
動かない
言葉でのコミュニケーションが
だいぶできるようになったが
細かい説明は
伝わらず
だからね えーと…
?
どう言えば いいんだ…
うまくいかないなー
でも絵カードや
写真で伝えるような
内容じゃないし
イライラ
かといって文字はまだ
すらすら読めないし
どうすればいいの?
つい
イライラしてしまうことが
増えた

長男は他の子と一緒に過ごせるようになり周囲から見たら発達の遅れがないように見えるけど
専門の先生によると他の子の何倍も集中力を維持して聞いたり運動したり…と頑張っていて他の子の何倍も疲れやすいらしい
だから頑張ってるのはわかるけど…
できることが増えたのでつい期待して
みんなお手紙交換でカタカナ書いてるし少しやってみよう
書けたらカッコイイよ
疲れたから今はいいー
カタカナ ドリル
他の子と同じようなことを求めてしまう
無理言ってるのかな? 今の長男にちょうどいいレベルってどこ?
目標下げてもいいとは思うけど周囲よりできないと凹んで泣くし…
大きく遅れないよう声かけて 他の子より頑張るしかないよな…
もっとうまいサポートがあるのだろうけどできない
はあ〜〜…
こんな自分にもイライラしてしまう…

イライラの悪循環だった
だから何度も言ったでしょう
いつもそうじゃない
何度注意しても話を聞いていないと過去のことを蒸し返したり
しゅん…
つい大声で言ってしまったり
決め付けて指示してしまう
もう時間ないじゃない
ほら
先に水筒入れないと入らないよ
名札はすぐ忘れるから前のポケットに入れて
ぐちぐち
ダメな言い方だとわかってるのについ言っちゃう
一方的に怒られるのは自分も嫌だったのに…
イラ イラ イラ イラ
これって世間で聞く毒親?
私って子育て向いてない人間だよね…
イラ イラ イラ
この状況をどうにかしたい
ペアトレとか通えないかな?
パチ パチ
この辺じゃやってないか…
隣の県にはあるけど時間がかかりすぎて通うのは無理だな…

ペアトレ（ペアレントトレーニング）とは
色々な種類があるが
凸凹の子を持つ家庭向けに作られた
プログラムで
受講すると
子どもとの
よいかかわり方を
学べるらしい
あとは数年前からよく聞く
アンガーマネジメントかな？
ずいぶん前に
本は買ったけど
ずっと読んでなかった…
イライラを
どうにかしたいし
ちゃんと読もう
こどもの
アンガーマネジメント
かんたん
アンガーマネジメントとは
怒りをコントロールする
心理教育プログラム
怒りの原因を客観的に
見られるようにして
あれ？
カーッ
考え方を変えたり

自分の気持ちや問題を理解し相手に伝えたり
怒りのピークは6秒 6秒待ってから行動しよう
すー はー
問題解決に適切な行動が取れるよう習慣づけたりする
言ってることはわかるけど…
私の困りごとにうまく当てはめられないな…
この本ビジネス用と子ども用だし…
ひとまず使えそうなことを拾ってみよう
いくつかの本によると怒りの原因は「べき」
つまり自分にとって当たり前だと信じている強い思い込みが多く
これがハズレた時に「できなかった」「裏切られた」と怒りたくなるらしい
遅刻はするべきではな
朝ごはんはたべる
毎朝ごはんは炊くべき
食事はバランスよく作
残さず食べるべき
体に悪い食べ物は避ける
洗濯物は外に干し乾か
掃除は毎日するべき
ごみはできるだけ出さな
環境に配慮するべき
リサイクルに協力する
将来のために〇〇万円く
貯蓄するべき
公共の場所では子供が
騒がないように考えるべ
歯磨きは毎日させるべ
夜9時前には寝かせるべき
子どもは叱らず褒
育てるべき
ドドドドドドド
うわー少し考えただけでも
すっごい思い当たるなー…

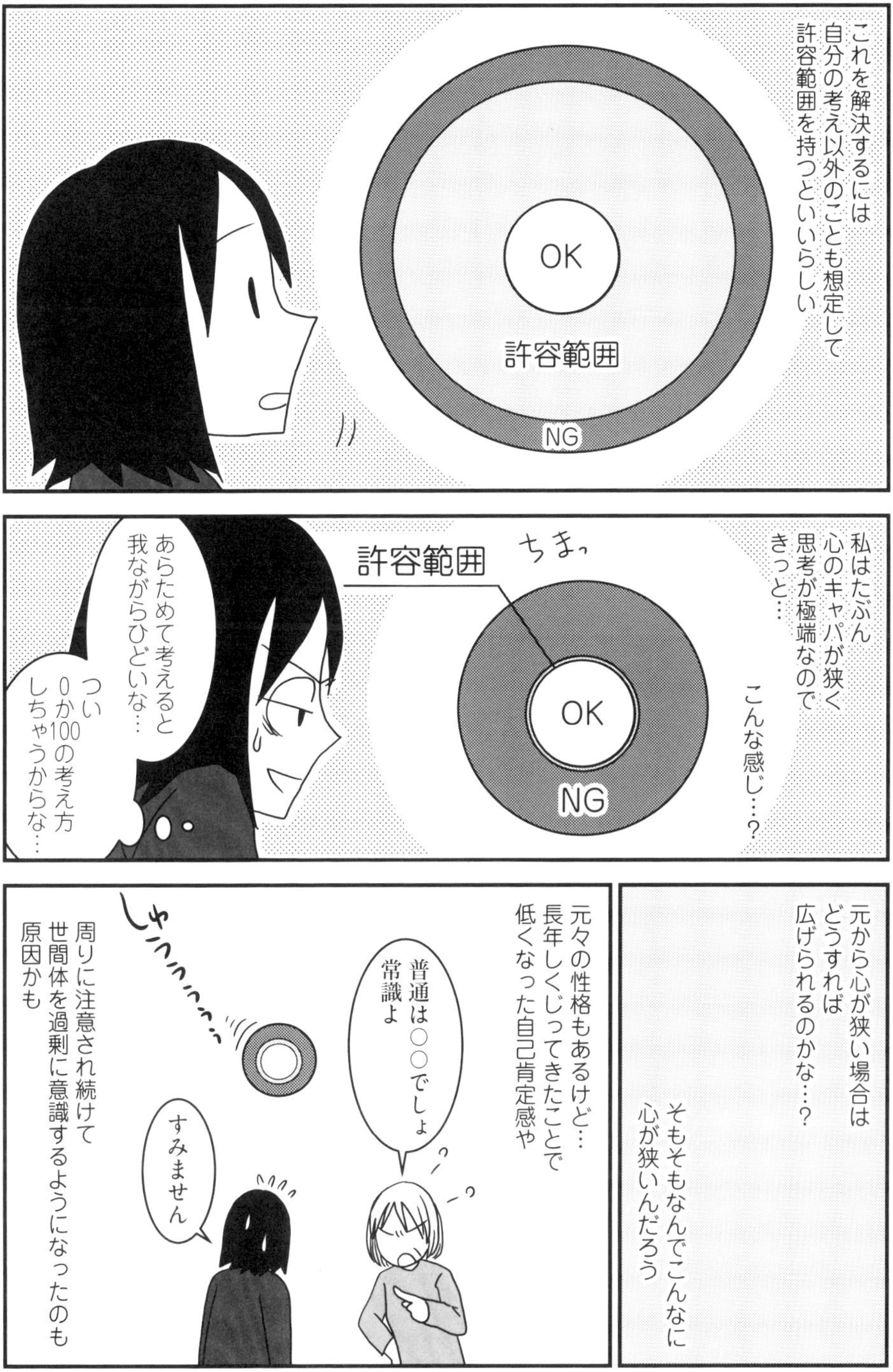
これを解決するには
自分の考え以外のことも想定して
許容範囲を持つといいらしい
OK
許容範囲
NG
私はたぶん
心のキャパが狭く
思考が極端なので
きっと…
こんな感じ…？
ちまっ
許容範囲
OK
NG
あらためて考えると
我ながらひどいな…
つい
0か100の考え方
しちゃうからな…
元から心が狭い場合は
どうすれば
広げられるのかな…？
そもそもなんでこんなに
心が狭いんだろう
元々の性格もあるけど…
長年しくじってきたことで
低くなった自己肯定感や
普通は○○でしょ
常識よ
すみません
周りに注意され続けて
世間体を過剰に意識するようになったのも
原因かも

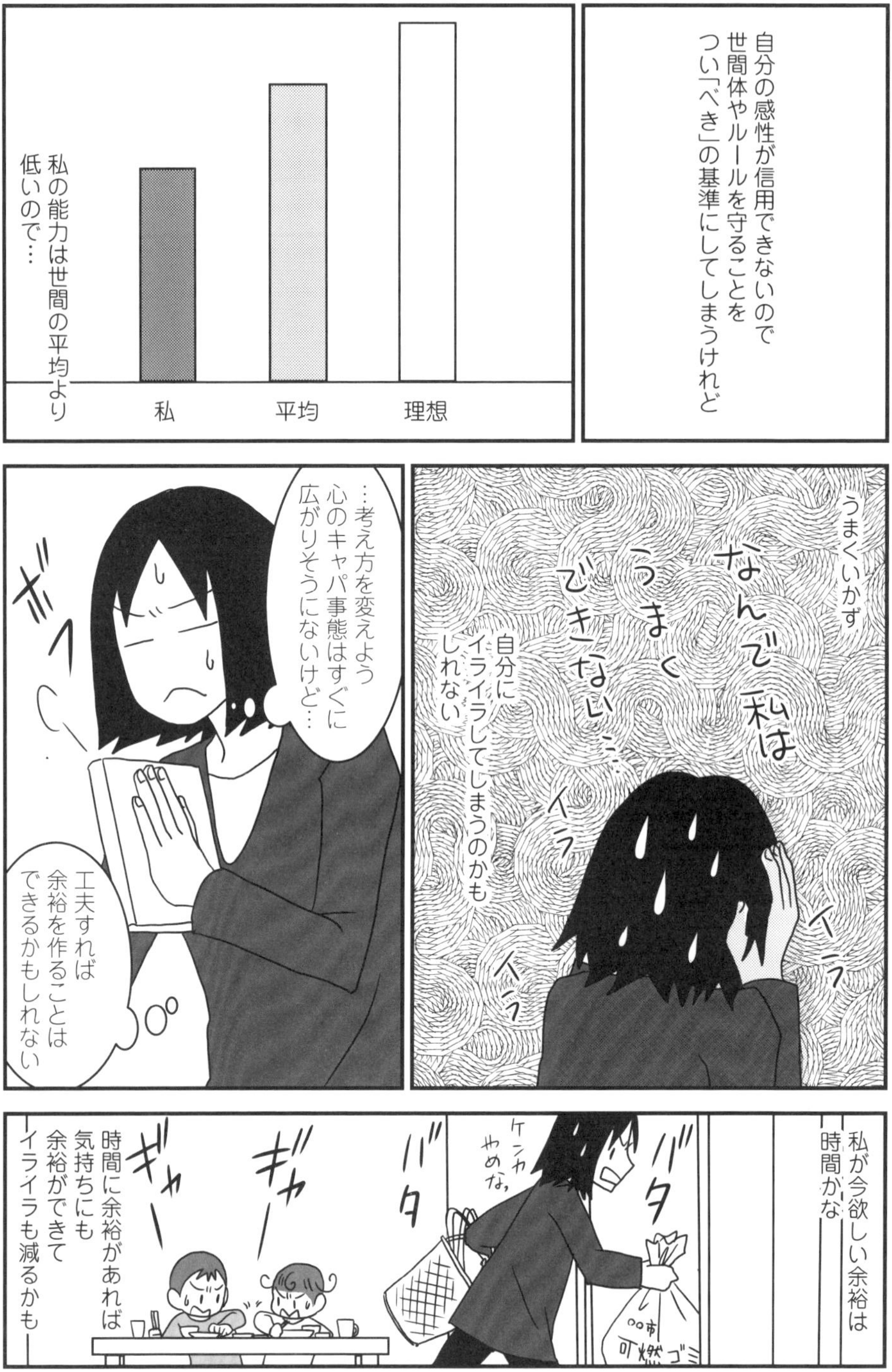

自分の感性が信用できないので
世間体やルールを守ることを
つい「べき」の基準にしてしまうけれど
私の能力は世間の平均より
低いので…
私
平均
理想
うまくいかず
なんで私は
うまく
できない…
自分に
イライラしてしまうのかも
しれない
イラッ
イラッ
イラッ
…考え方を変えよう
心のキャパ事態はすぐに
広がりそうにないけど…
工夫すれば
余裕を作ることは
できるかもしれない
私が今欲しい余裕は
時間かな
バタ
バタ
ケンカやめな
ギャー
ギャー
可燃ゴミ
時間に余裕があれば
気持ちにも
余裕ができて
イライラも減るかも

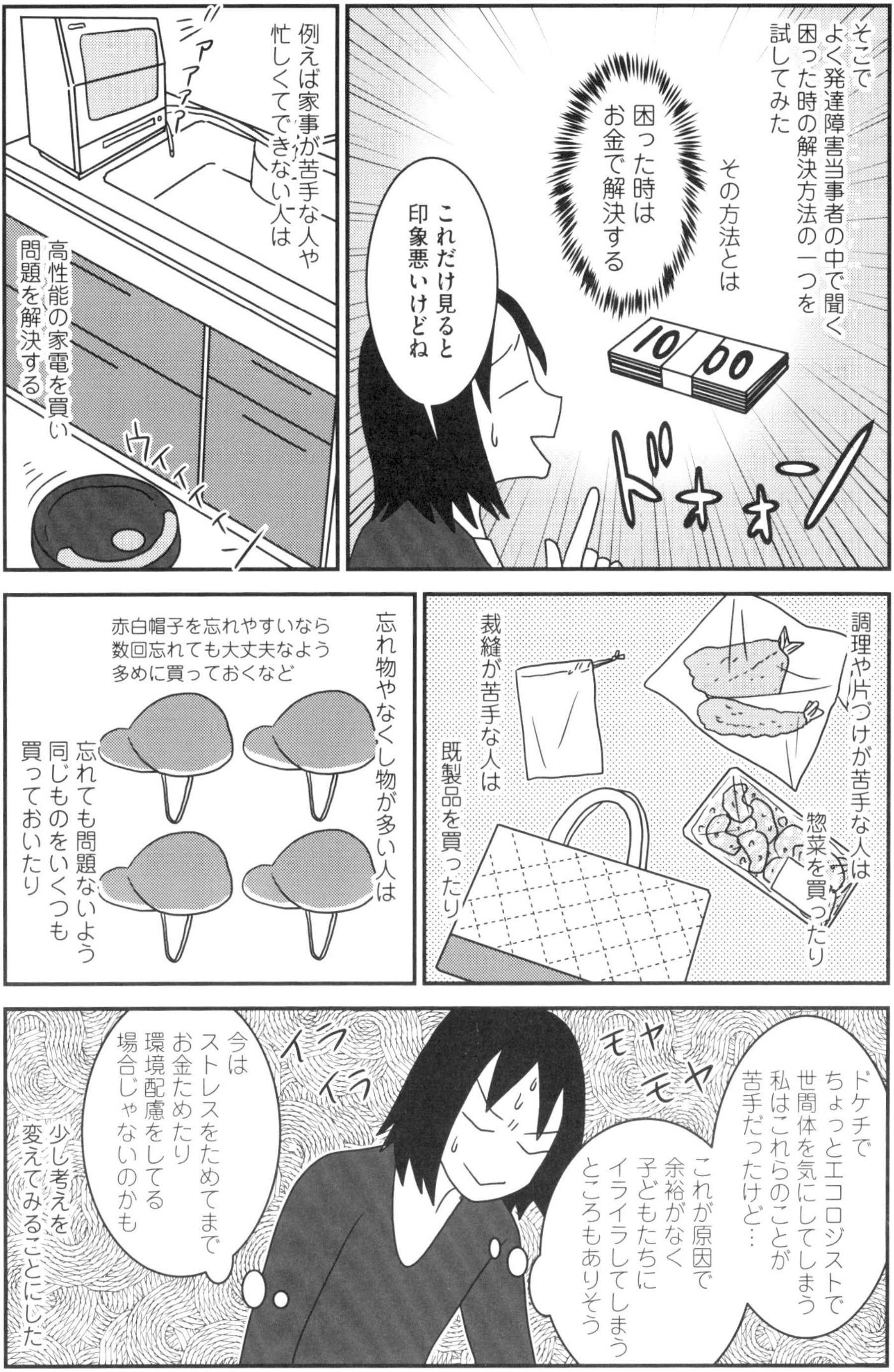
そこで よく発達障害当事者の中で聞く 困った時の解決方法の一つを 試してみた
その方法とは
困った時は お金で解決する
これだけ見ると 印象悪いけどね
10 00
ドォォーン
例えば家事が苦手な人や 忙しくてできない人は
ジァァァァ
高性能の家電を買い 問題を解決する
ウィィィィーン
調理や片づけが苦手な人は 惣菜を買ったり
裁縫が苦手な人は 既製品を買ったり
忘れ物やなくし物が多い人は
忘れても問題ないよう 同じものをいくつも 買っておいたり
赤白帽子を忘れやすいなら 数回忘れても大丈夫なよう 多めに買っておくなど
ドケチで ちょっとエコロジストで 世間体を気にしてしまう 私はこれらのことが 苦手だったけど…
モヤモヤ
これが原因で 余裕がなく 子どもたちに イライラしてしまう ところもありそう
イライラ
今は ストレスをためてまで お金ためたり 環境配慮をしてる 場合じゃないのかも
少し考えを 変えてみることにした

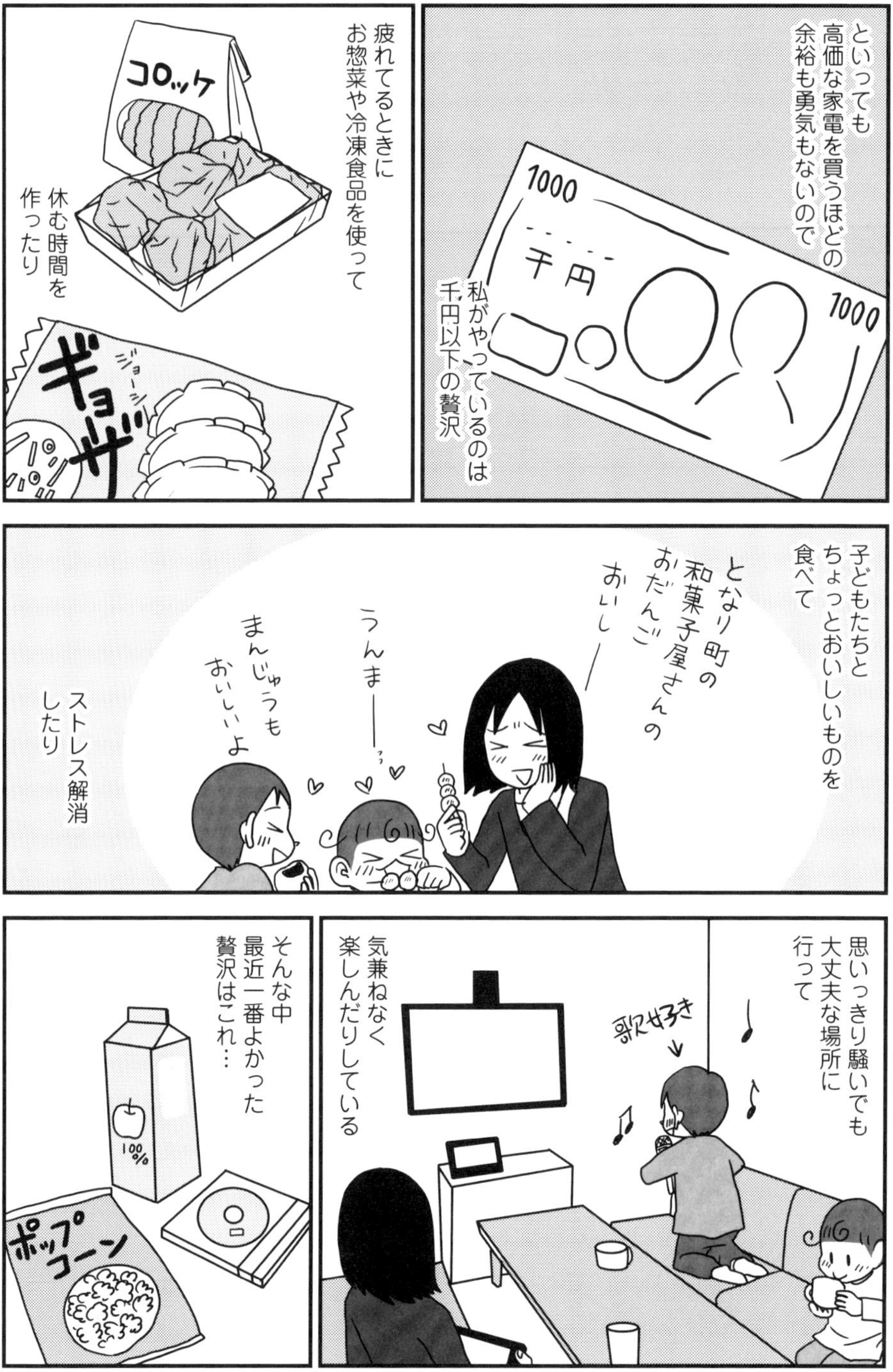
といっても
高価な家電を買うほどの
余裕も勇気もないので
1000
千円
1000
私がやっているのは
千円以下の贅沢
疲れてるときに
お惣菜や冷凍食品を使って
休む時間を
作ったり
コロッケ
ギョーザ
子どもたちと
ちょっとおいしいものを
食べて
となり町の
和菓子屋さんの
おだんご
おいしー
うんまーー
まんじゅうも
おいしいよ
ストレス解消
したり
思いっきり騒いでも
大丈夫な場所に
行って
歌好き
気兼ねなく
楽しんだりしている
そんな中
最近一番よかった
贅沢はこれ…
100%
ポップコーン

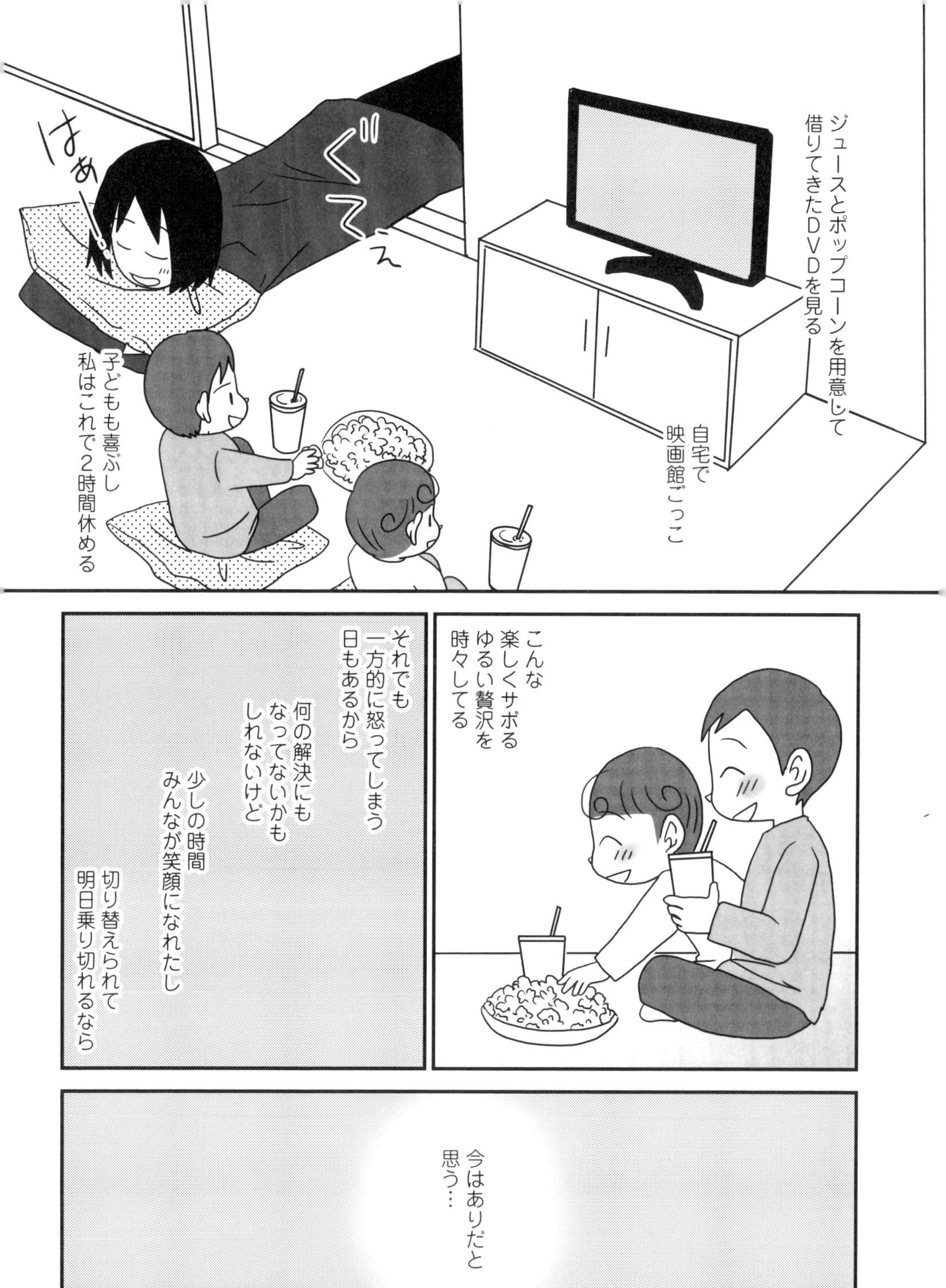
ジュースとポップコーンを用意して
借りてきたDVDを見る
自宅で
映画館ごっこ
はぁ～
ぐでぇ
子どもも喜ぶし
私はこれで2時間休める
こんな
楽しくサボる
ゆるい贅沢を
時々してる
それでも
一方的に怒ってしまう
日もあるから
何の解決にも
なってないかも
しれないけど
少しの時間
みんなが笑顔になれたし
切り替えられて
明日乗り切れるなら
今はありだと
思う…

相性

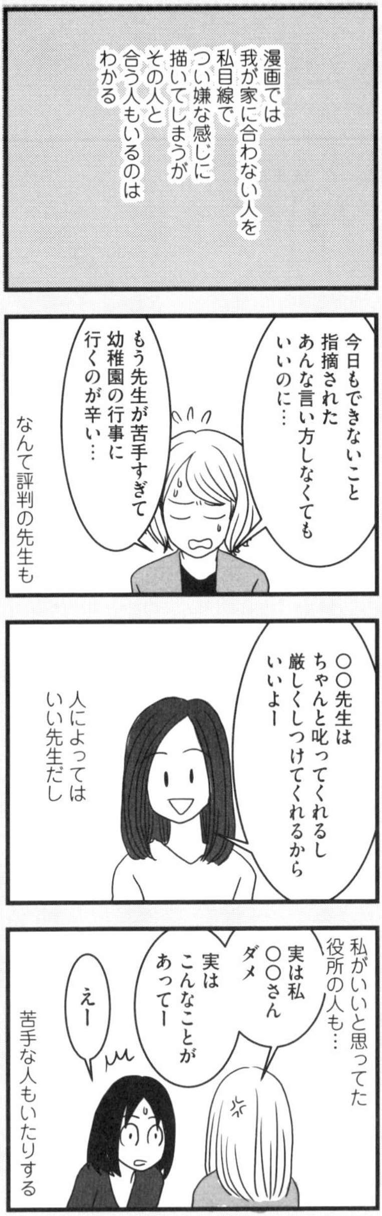
漫画では我が家に合わない人を私目線でつい嫌な感じに描いてしまうがその人と合う人もいるのはわかる
今日もできないこと指摘されたあんな言い方しなくてもいいのに…
もう先生が苦手すぎて幼稚園の行事に行くのが辛い…
なんて評判の先生も
○○先生はちゃんと叱ってくれるし厳しくしつけてくれるからいいよー
人によってはいい先生だし
私がいいと思ってた役所の人も…
実は私○○さんダメ
実はこんなことがあってー
えー
苦手な人もいたりする

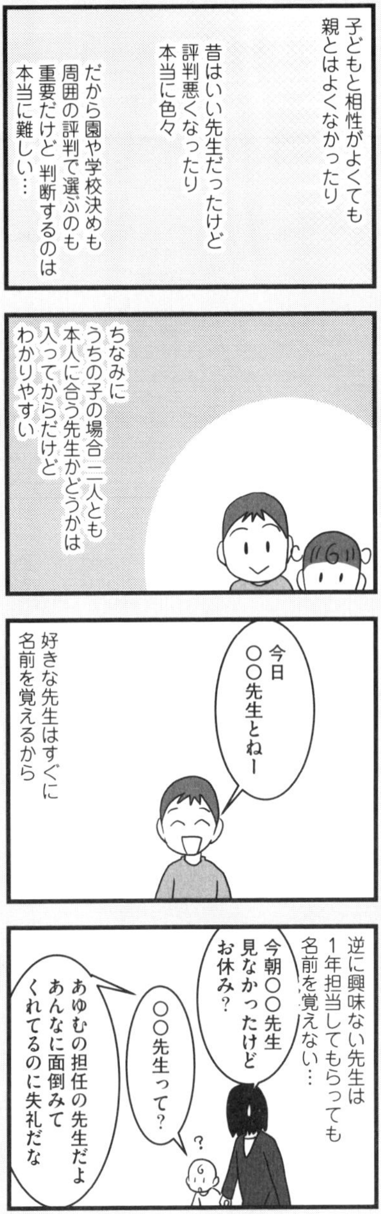
子どもと相性がよくても親とはよくなかったり
昔はいい先生だったけど評判悪くなったり本当に色々
だから園や学校決めも周囲の評判で選ぶのも重要だけど 判断するのは本当に難しい…
ちなみにうちの子の場合二人とも本人に合う先生かどうかは入ってからだけどわかりやすい
今日○○先生とねー
好きな先生はすぐに名前を覚えるから
逆に興味ない先生は1年担当してもらっても名前を覚えない…
今朝○○先生見なかったけどお休み?
○○先生って?
あゆむの担任の先生だよあんなに面倒みてくれてるのに失礼だな

7話

長男と
次男の
心の距離

話はさかのぼって
支援の幼稚園の控室での話…
ねー家の中で兄弟同士って仲がいい?
うちはお互い全く関心がないんだけどさ
うちも無関心だな 話せないから 一緒に遊べないって お兄ちゃんは言ってた
うちは仲いいよ お兄ちゃんが 面倒見てくれる
うちもお兄ちゃんと 弟が世話してくれるから 3人で仲良くしてる
うちは年が離れてるから 仲悪くないけど 一緒に何もしないかな…
そうすけくんは あゆむくんと 仲いい?
うーん うちは…
すっごい仲悪い…
ギャー
あっちいけー
ギャー
いたいー
おかーさん
あやむがけったー
ちがうー
そうすけが
たたいたー
次男は 物心ついた頃から 長男が嫌いだった…
パパ好き? じーちゃん ばーちゃん 好き?
にぱぁ♡
フン
そうすけ好き?

乳児期に圧倒的な力の差で
3歳
0歳
ちまっ
ぼてん
毎日
おもちゃを奪われたり
ポヤー
パ
あぶないっ
キャー
ドドドドドド
バッ
踏まれかけたので
あまりいいイメージが
ないのだと思う
当時はあまり
理解しておらず
何も反応しなかったが
ポケー
しっかり覚えていたようで
気づいた時にはたまにこんな顔で
長男を見ていた
ゴゴゴゴ…
さらには癇癪を起こしてる
長男を小ばかにするように
なっていた
わあああ
そうすけって
ダメね
ズバ

他の家庭でもよく聞く話だが
上の子が発達凸凹で
年の差が近い場合
下の子の発達が上の子を
追い越してしまうこと
などから
わ゛ーーん
めそ
めそ
お兄ちゃん
こんなことも
できないの？
なんで
こんなことで
泣いてるの？
下の子が上の子を
自分より下の存在と思い
見下してしまうようだ
うちの場合
次男の前で
私が長男をよく
叱っていたから
そうすけ
それじゃ
ダメでしょ
しゅん…
じーっ
そうすけは
ダメなのか…
次男の中で長男の評価が
下がってしまったのだと思う
次男が長男を
批判するのを
見るたびに
そうすけ
ダメね
グサッ
グサッ
私の接し方が
悪いんだ…
と反省させられる

うちの場合
次男も発達は遅いが
癇癪は少なく
切り替えが早いタイプなので
おやつだよー
わあああん
パッ
はーい
いつまでも泣き続ける
長男が理解できない
のかもしれない
おやつだよー
わああん
ピギィ〜〜〜ッ
うるさーい
今は別の幼稚園だけど
小学校は同じところに
通うようになる
この時 次男が嫌がったり
しないかな…
それを心配して
別の学校に通わせている
家庭も知ってる
お互い凸凹だから
あまり
考えてなかったけど
それぞれ特性は違うし
兄弟間の問題は
増えていくのかな…
今はこんなだけど…
そうすけ
ダメね
ムム
学校で
声かけんなよ
兄弟とバレたら
最悪じゃん
チッ
ぐっ
成長したら
どうなるんだろう…

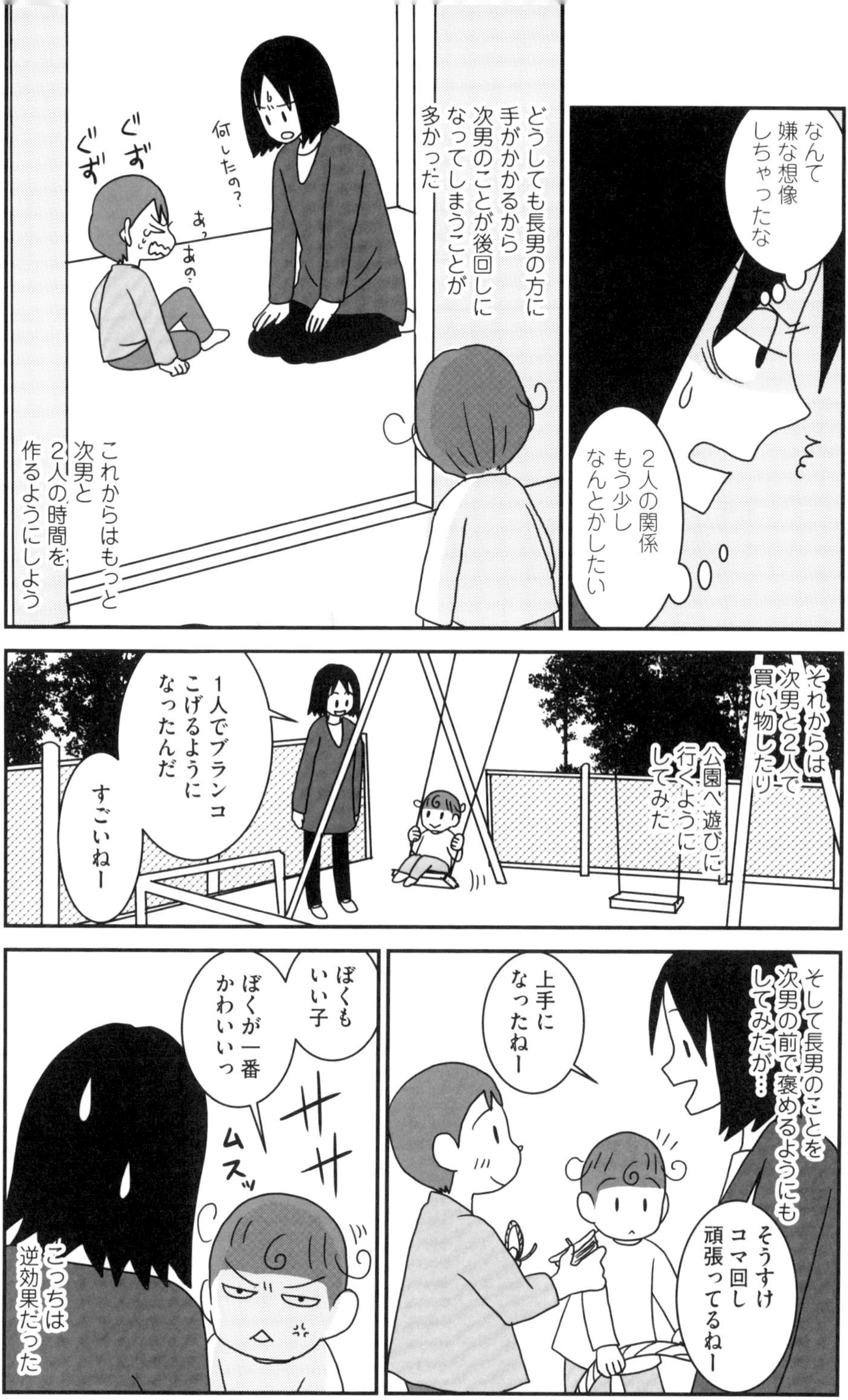
なんて嫌な想像しちゃったな
2人の関係もう少しなんとかしたい
どうしても長男の方に手がかかるから次男のことが後回しになってしまうことが多かった
何したの?
ぐずぐず
あっあの
これからはもっと次男と2人の時間を作るようにしよう
それからは次男と2人で買い物したり公園へ遊びに行くようにしてみた
1人でブランコこげるようになったんだ
すごいねー
そして長男のことを次男の前で褒めるようにもしてみたが…
上手になったねー
そうすけコマ回し頑張ってるねー
ぼくもいい子
ぼくが一番かわいいっ
ムスッ
こっちは逆効果だった

どっちを立ててももめるのか
そりゃそうか…
難しいなー
オレ一番っ
あむっ
そんな日々から数ヶ月…
おかーさんタオルなーい
今手が離せない自分で持ってきてー
無理ー
ポタポタ
はいタオル
ポフ
モフモフ
兄ちゃん大好きありがとー
ぴと
ササ
急に仲良くなった
本当切り替え早いな…

長男は年長になり
自分でできることが増えたため
余裕ができたのか
家事の手伝いや
パチ
次男の世話を
たまにするようになった
あゆむ
背中濡れてるよ
ありがと
ササ
にーちゃん
これ開けて
はーい
世話をされるのが
苦手な子もいるが
そこは甘え上手な次男
気にしない
すると今度は
次男が長男のために
行動するようになった
はい
にーちゃんの分
みかん半分こしよ
みかんもっと
たべたーい
わー
またー
じゃあ
あげなきゃ
いいでしょ
もうないよ
それで
もめることも
あるけど…
え!?
気前はいいが
損得は計算できない

2人で協力して遊べるようにもなった
町作ろう
ここ階段ね
最初は仲良くしてても数分しかもたなかったけど
兄ちゃんがおしたー
あゆむがこわしたー
だんだん喧嘩にならず遊べるようになってきた
順番だよ
あゆむが最初
はいはい
わなげ
今日はじゃんけんで決めるよ
うん
じゃんけん知ってるの?
チョキ知ってる
チョキだけ?
会話も増えたなー
家の中で子ども同士のやりとりが学べるのすごく嬉しい
シャ
かみ合ってない時もあるけど
それに2人で遊んでくれると私は何もしなくていい
もくもく
年が近いと子ども同士で遊ぶから楽って言われてたけどこういうことかー
コト
時間ができておかずが一品増えたー

いとこや友達が遊びに来た時は
これかして
これちょうだい
貸したら壊されそうなブロックの作品
え…
あ…
小さい子にダメと言えないタイプ
これは兄ちゃんの大事なのだからダメ
ビシ
ムッ
兄の味方をするようになり
誰が相手でも自己主張するタイプ
さらに
そうすけ なんでこんなことするの
違うよ それは兄ちゃんは悪くないよ
おかーさんは怒りすぎよ
そそ
そうなの？
兄をかばい私に意見することも

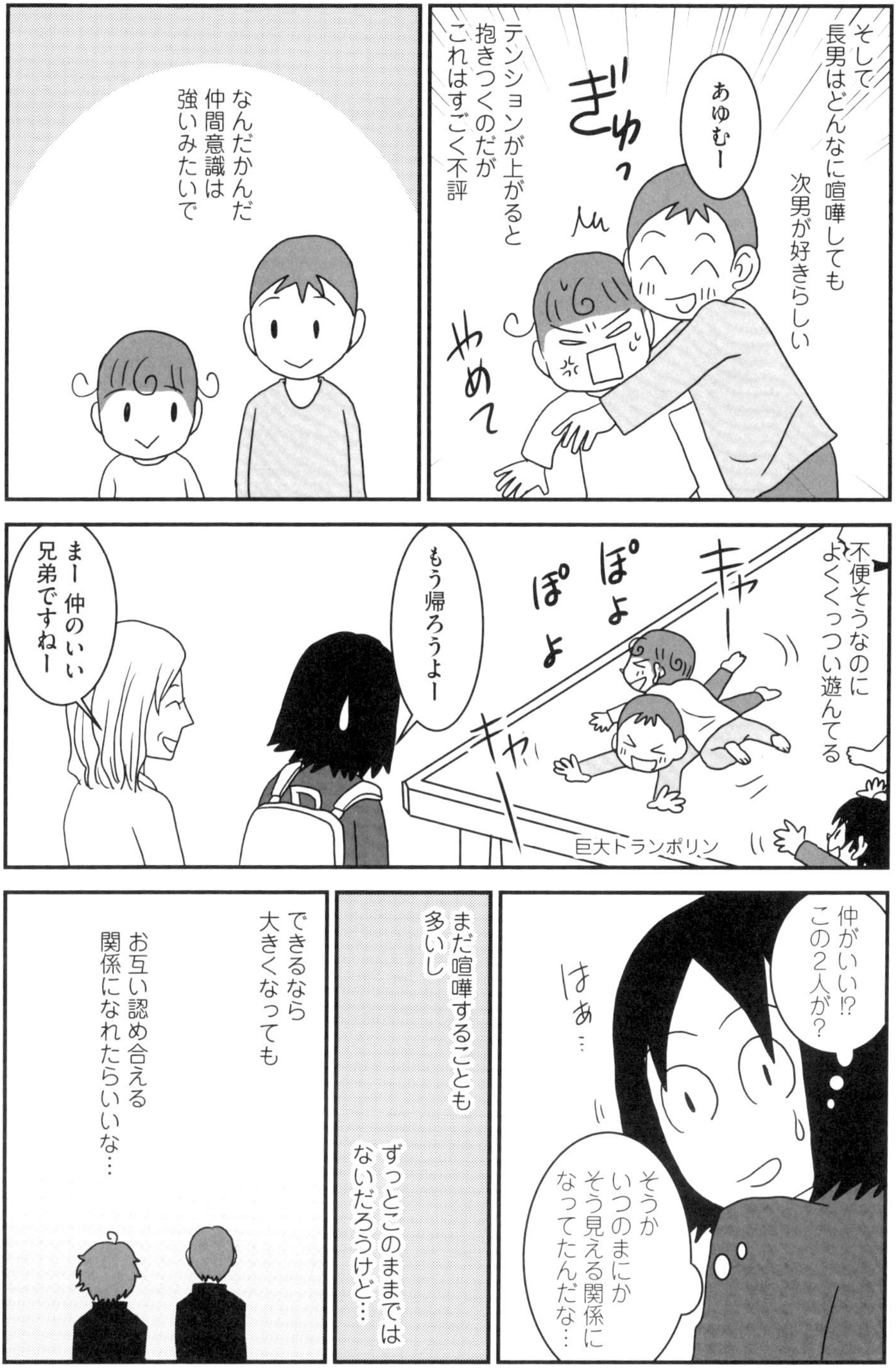

そして
長男はどんなに喧嘩しても
次男が好きらしい
あゆむー
ぎゅっ
テンションが上がると
抱きつくのだが
これはすごく不評
やめて
なんだかんだ
仲間意識は
強いみたいで
不便そうなのに
よくくっつい遊んでる
キャー
ぽよ
ぽよ
キャ
巨大トランポリン
もう帰ろうよー
まー 仲のいい
兄弟ですねー
仲がいい!?
この2人が?
はぁ…
そうか
いつのまにか
そう見える関係に
なってたんだな…
まだ喧嘩することも
多いし
ずっとこのままでは
ないだろうけど…
できるなら
大きくなっても
お互い認め合える
関係になれたらいいな…

性格

お母さん 風邪ひいた
ごめん 今日は隣の部屋で寝て…
お母さん 熱あるの⁉
お母さん 大丈夫？
お熱 痛い？
ぼく お母さんと 一緒がいい
えー
やだやだ
他人にも自分にも甘い次男
バイキンを見る目
お母さん なんで風邪ひいたの？
手洗いうがいしなかったの？
うつるから ごはんもぼくは隣で食べるよ
スチャ
ピシャ
じゃあね こっち入らないでね
他人にも自分にも厳しい長男
スパーン
ぎゅ

これも成長

あゆむ 喘息 よくなったね 明日は幼稚園行けるね
……
パタ パタ
ゴホ ゴホ
ゼロ ゼロ
急にどうしたの⁉
お母さん 咳が…咳が…
…ふーん そうか
じゃあ幼稚園…
幼稚園…
ようち…
よう…
ゴホ ゴホ
ゴッ ゴッ
ゴフォ フォ
…かん ようかん もらったよ
食べる
ピクッ
おー
仮病ができるなんて賢くなったな…

8話

「支援学級」と「通常学級」の違いって何？

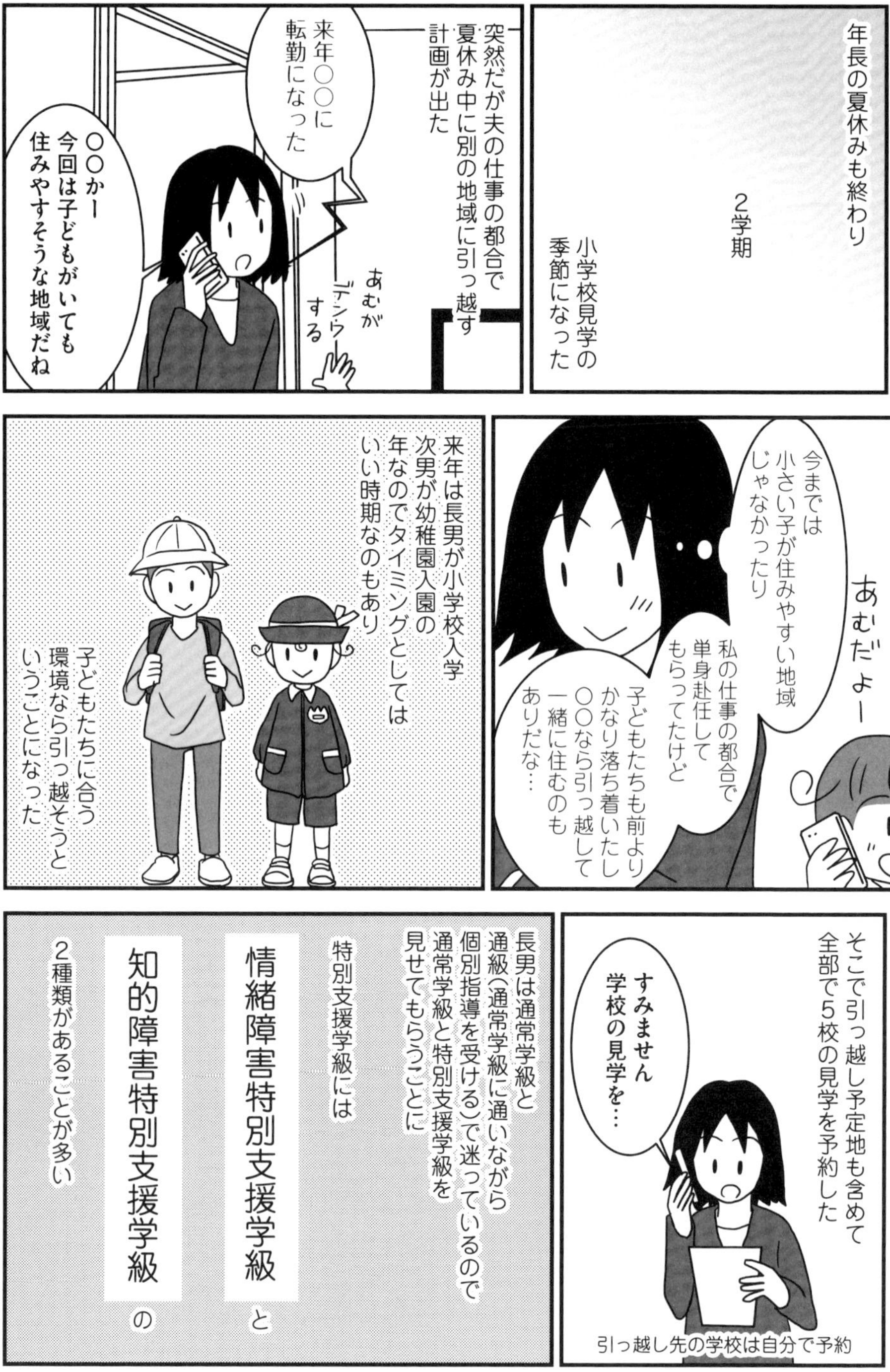
年長の夏休みも終わり
2学期
小学校見学の季節になった
突然だが夫の仕事の都合で夏休み中に別の地域に引っ越す計画が出た
来年○○に転勤になった
あむがデンワする
○○かー 今回は子どもがいても住みやすそうな地域だね
あむだよー
今までは小さい子が住みやすい地域じゃなかったり
私の仕事の都合で単身赴任してもらってたけど
子どもたちも前よりかなり落ち着いたし○○なら引っ越して一緒に住むのもありだな…
来年は長男が小学校入学 次男が幼稚園入園の年なのでタイミングとしてはいい時期なのもあり
子どもたちに合う環境なら引っ越そうということになった
そこで引っ越し予定地も含めて全部で5校の見学を予約した
すみません 学校の見学を…
引っ越し先の学校は自分で予約
長男は通常学級と通級（通常学級に通いながら個別指導を受ける）で迷っているので通常学級と特別支援学級を見せてもらうことに
特別支援学級には
情緒障害特別支援学級
と
知的障害特別支援学級
の
2種類があることが多い

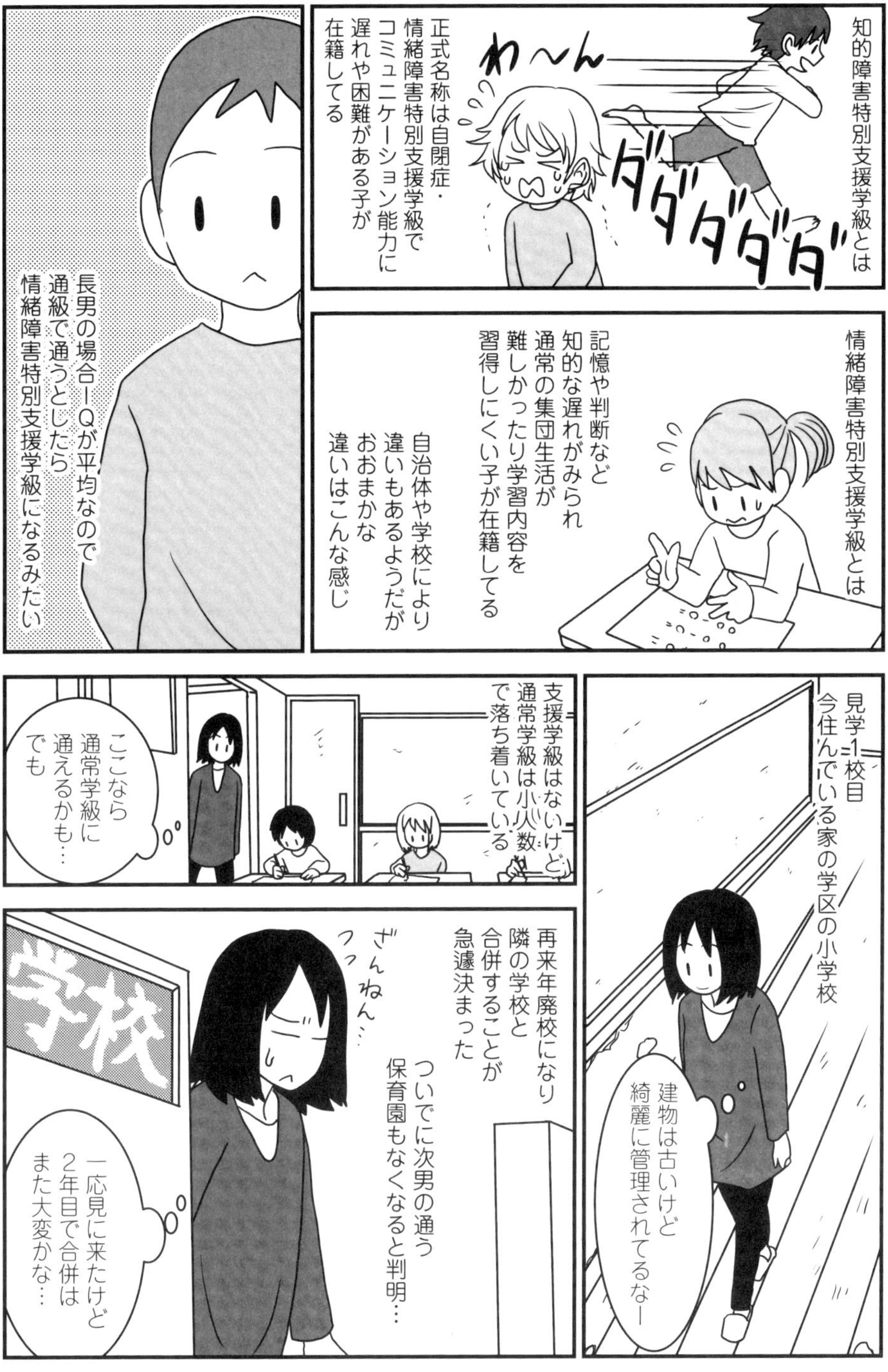
知的障害特別支援学級とは
ダダダダダ
わ〜ん
正式名称は自閉症・情緒障害特別支援学級でコミュニケーション能力に遅れや困難がある子が在籍してる
情緒障害特別支援学級とは
記憶や判断など知的な遅れがみられ通常の集団生活が難しかったり学習内容を習得しにくい子が在籍してる
自治体や学校により違いもあるようだがおおまかな違いはこんな感じ
長男の場合IQが平均なので通級で通うとしたら情緒障害特別支援学級になるみたい
見学1校目
今住んでいる家の学区の小学校
建物は古いけど綺麗に管理されてるなー
支援学級はないけど通常学級は少人数で落ち着いている
ここなら通常学級に通えるかも…でも
学校
再来年廃校になり隣の学校と合併することが急遽決まった
ざんねん…
ついでに次男の通う保育園もなくなると判明…
一応見に来たけど2年目で合併はまた大変かな…

見学2校目
今住んでいる家の隣の学区の小学校（1校目と合併予定）
結構大きいなー
みっちり
通常学級は一クラスの人が多いな 子どもなのにすごい圧迫感…
知的障害支援学級は生徒は落ち着いていて勉強の内容や掲示物もよく配慮されていた
○○の時間《じかん》
ゆうた
わかりやすいように工夫がたくさんいい環境だな…
情緒障害支援学級は…
ブーッ
結構自由に過ごしてるな… 一人一人の特性を受け入れてくれるのは素敵だけど
影響されやすい長男にはどうかな…
お子さんは知的ですか？
いえ IQは平均です
じゃあ45分座ってられないとか？
いえ 座ってはいられます
え？じゃあ普通のクラスでいいじゃない
？
いや…それでも支援が必要な時があるんだけど
えーと…
学校側の認識はこんな感じなのかな…

見学3校目
今長男が通ってる幼稚園の学区の小学校
家から遠いけどここなら今のお友達も一緒だから安心なんだけど…
見学
荒れてるって聞いたけど見た感じはなんともない
まあ荒れてるところは見学させないか
思ったよりいいかも
ぬっ
何で居住地の学校へ行かないのですか？
支援学級の先生
ドキ
え？あの本人に合う学校を探したいなと…思いまして…
申し訳ないのですがね今入学されても十分な支援をすることができないと思います
今日はいないんですけど情緒クラスに一人大変な子がいまして…
休む日も多いのですがその子が来ると他の子がクラスに入れない状態になってます
クラスに入れない⁉
他の子はどこへ…
私がその生徒に付きっ切りなので知的クラスか空き部屋で自習をしている状態です
この学校は通常学級も色々ありますし…お断りはしませんが…
正直言うとこんな状況なんですすみません…
いえ
なんかこの先生が一人で背負ってる感じだな…
色々すごいけどリアルな話が聞けてよかった

見学4校目
引っ越し予定地の学区の小学校
事前に電話で予約したのだが
今度そちらの学区に引っ越し予定なので見学に行きたいのですが…
え？知的に問題ない？じゃあなんで支援学級の見学するの？
通常学級希望なら普通に入学すればいいじゃない
え？
えーと…
受け入れはあるみたいでありがたいけど電話の応対の方は支援に詳しくなさそうだな
見学させてもらうと——
1学年は20人
支援学級は2クラス
一クラスの人数は少ないし
クラス替えはないし
支援級もみんな落ち着いてて
かなりいい環境
引っ越し予定の家からバスで通学できるし登下校も安心だな
あら通級も考えてるんですか？
うちの学校通級はないんですよ
そうなんですか⁉
そうか 通級やってない学校もあるんだ

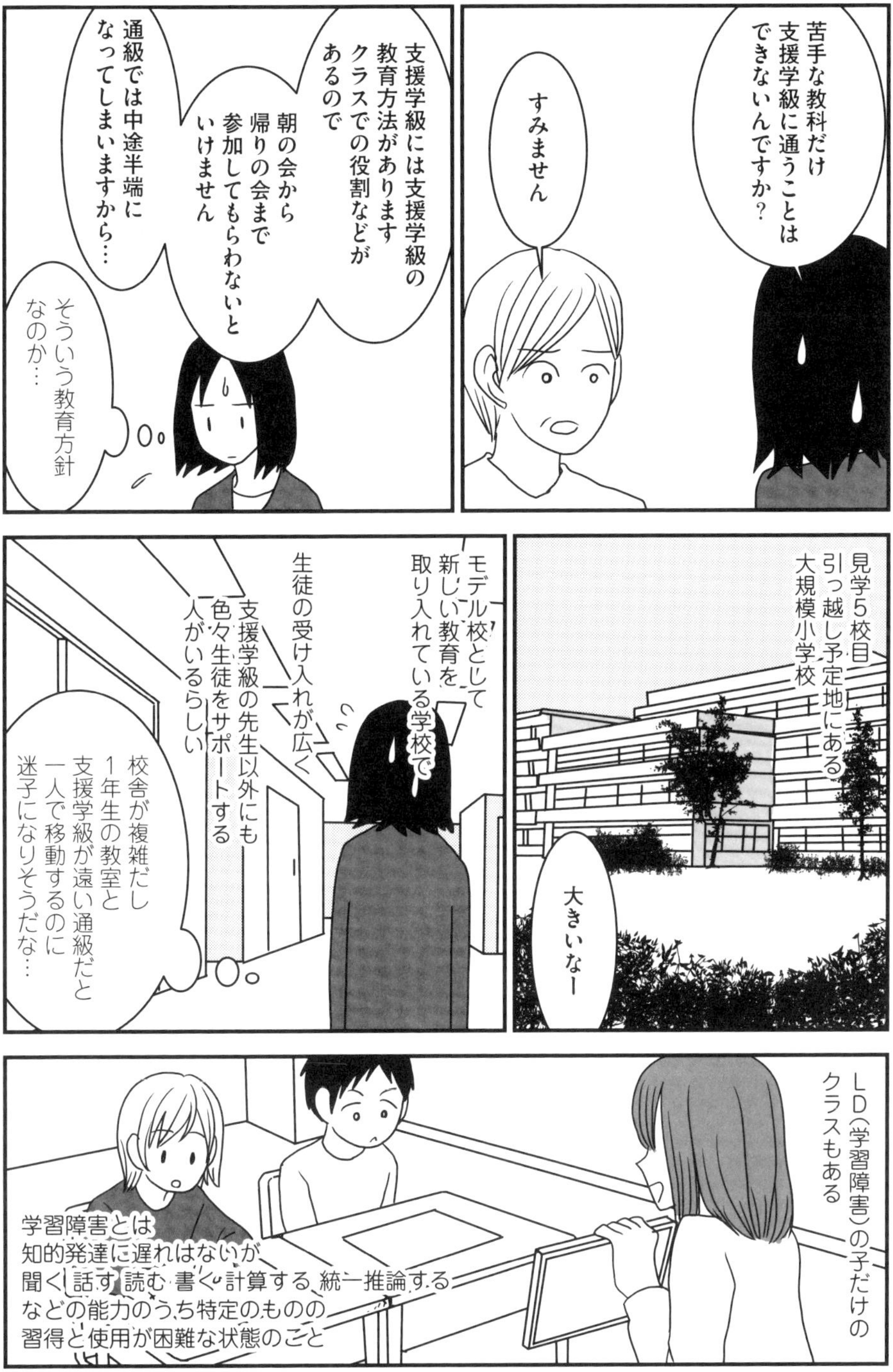
苦手な教科だけ支援学級に通うことはできないんですか？
すみません
支援学級には支援学級の教育方法がありますクラスでの役割などがあるので
朝の会から帰りの会まで参加してもらわないといけません
通級では中途半端になってしまいますから…
そういう教育方針なのか…
見学5校目
引っ越し予定地にある大規模小学校
大きいなー
モデル校として新しい教育を取り入れている学校で
生徒の受け入れが広く
支援学級の先生以外にも色々生徒をサポートする人がいるらしい
校舎が複雑だし1年生の教室と支援学級が遠い通級だと一人で移動するのに迷子になりそうだな…
LD（学習障害）の子だけのクラスもある
学習障害とは知的発達に遅れはないが聞く 話す 読む 書く 計算する 推論する などの能力のうち特定のものの習得と使用が困難な状態のこと

		通常学級の様子	支援学級の様子	その他
1	今住んでる家の学区の小学校	1学年1クラス 1クラス15人前後 落ち着いてる	なし	2年生になる年に廃校 隣の小学校と 合併予定
2	今住んでる家の隣の学区の小学校	1学年3クラス 1クラス35人 前後 大人数で狭い	支援学級4クラス 各5、6名 知的クラスは 落ち着いてるが 情緒クラスは 騒がしい	居住地の小学校と 合併予定
3	通っている 幼稚園の 学区の小学校	1学年1クラス 1クラス25人前後 幼稚園の友達がいる	支援学級は3クラス 各クラス5、6名	情緒クラスに入っても 十分な支援は受けられ そうにない
4	引っ越し予定地の 学区の小学校	1学年1クラス 1クラス20人 前後	支援学級は1クラス 各3名で通級はなし 小人数で 落ち着いてる	引っ越し予定地から バス通学ができるので 通学が安心
5	引っ越し予定地の 学区の 大規模小学校	1学年5クラス 全体的に大人数で どこも騒がしい	支援学級7クラス各8名 と別にLDのクラスあり 受け入れは広いが 教育より保育に近い	支援学級の先生以外に 支援してくれる人が 校内にいる

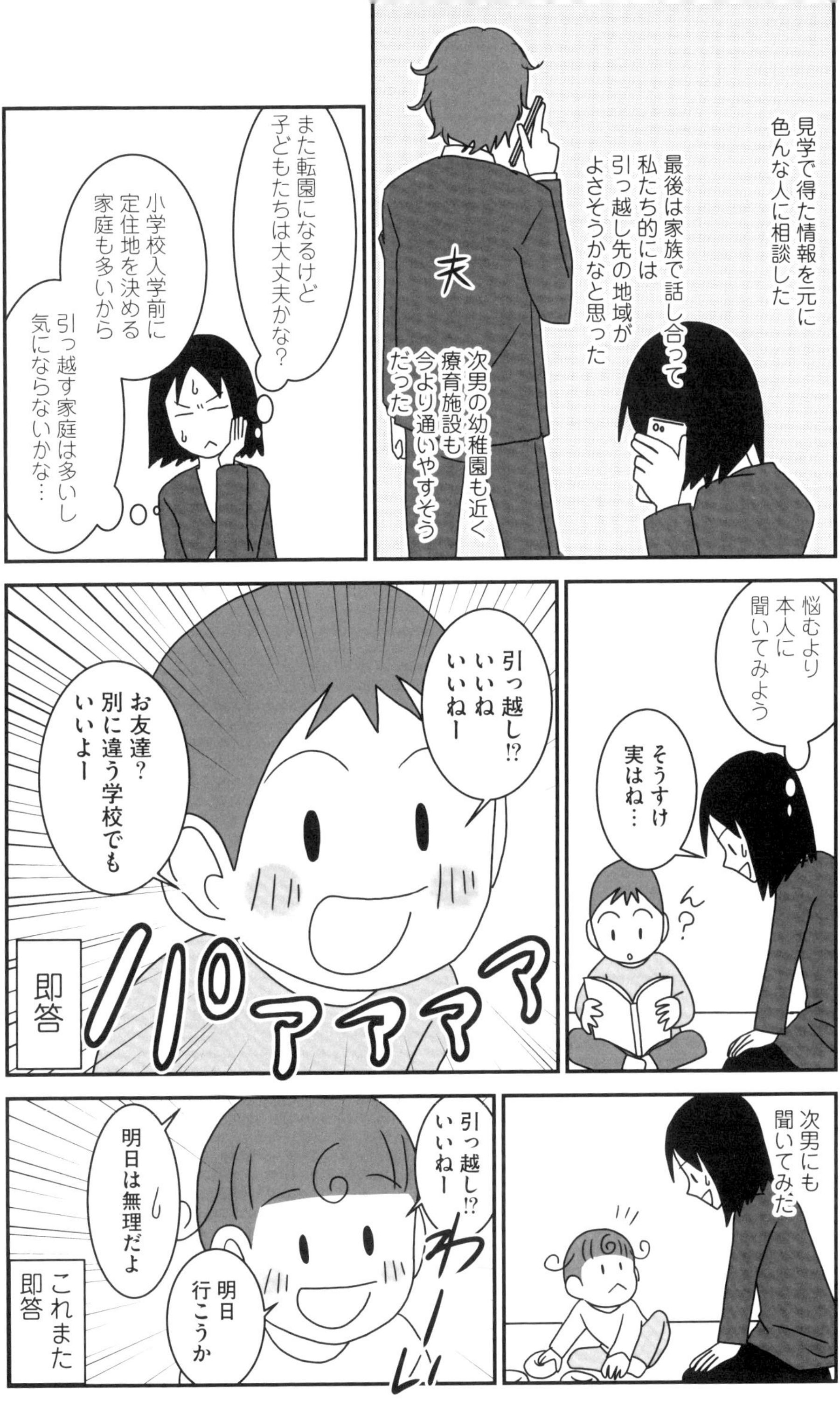
見学で得た情報を元に
色んな人に相談した
最後は家族で話し合って
私たち的には
引っ越し先の地域が
よさそうかなと思った
夫
次男の幼稚園も近く
療育施設も
今より通いやすそう
だった
また転園になるけど
子どもたちは大丈夫かな？
小学校入学前に
定住地を決める
家庭も多いから
引っ越す家庭は多いし
気にならないかな…
悩むより
本人に
聞いてみよう
そうすけ
実はね…
ん？
引っ越し!?
いいね
いいねー
お友達？
別に違う学校でも
いいよー
パァァァア
即答
次男にも
聞いてみた
引っ越し!?
いいねー
わーい
明日は無理だよ
明日
行こうか
これまた
即答

子どもたちに判断力があるかは微妙かもしれないけど
親子ともに意見が一致したから引っ越しは決定
次は学校を決めよう
よし
大規模小学校は支援してくれる人は多いけど生徒の人数も多い
大人数は顔が覚えづらいし指示が伝わりにくいのが問題だな…
長男の場合その辺が苦手だし小人数を重視して
通常学級も支援学級も小規模小学校がいいかもしれない
やっと決まってきた
あとは支援学級か通常学級かを決めるだけ…
もう迷わないぞ
小規模小学校の通常学級は勉強に遅れが出なければ理想的な環境
来年5.6年の3人
一人だけ一年
支援学級もいい環境だけど一つ気になるのは低学年の生徒がいないこと
なので支援学級を選んだ場合先生とほぼ1対1になる
学習するには贅沢な環境だけど…
集団生活は学べないのでは…

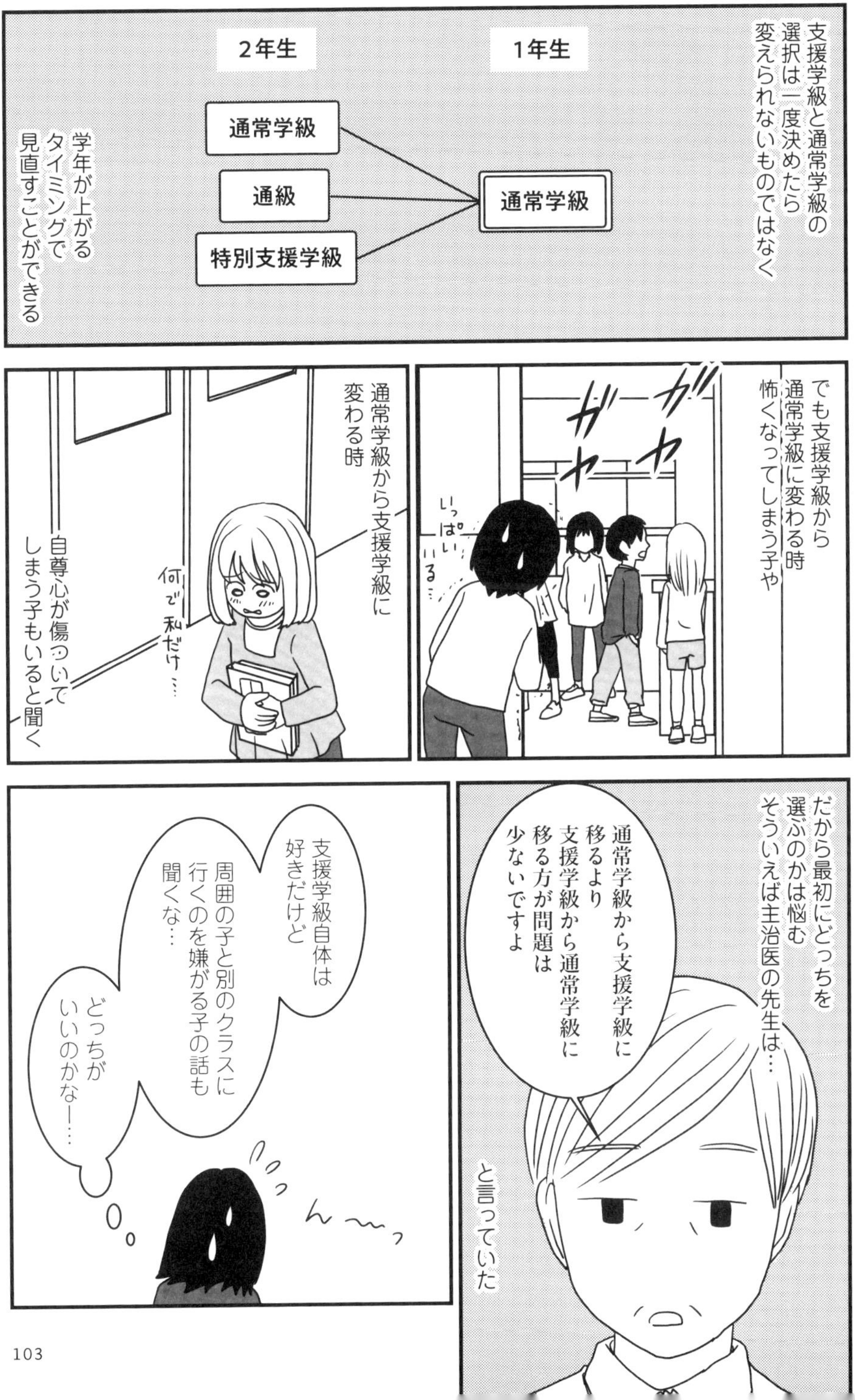

支援学級と通常学級の選択は一度決めたら変えられないものではなく
1年生
通常学級
2年生
通常学級
通級
特別支援学級
学年が上がるタイミングで見直すことができる
でも支援学級から通常学級に変わる時怖くなってしまう子や
ガヤガヤ
いっぱいいる…
通常学級から支援学級に変わる時
何で私だけ…
自尊心が傷ついてしまう子もいると聞く
だから最初にどっちを選ぶのかは悩む
そういえば主治医の先生は…
通常学級から支援学級に移るより支援学級から通常学級に移る方が問題は少ないですよ
と言っていた
支援学級自体は好きだけど
周囲の子と別のクラスに行くのを嫌がる子の話も聞くな…
どっちがいいのかな—…
ん〜〜っ

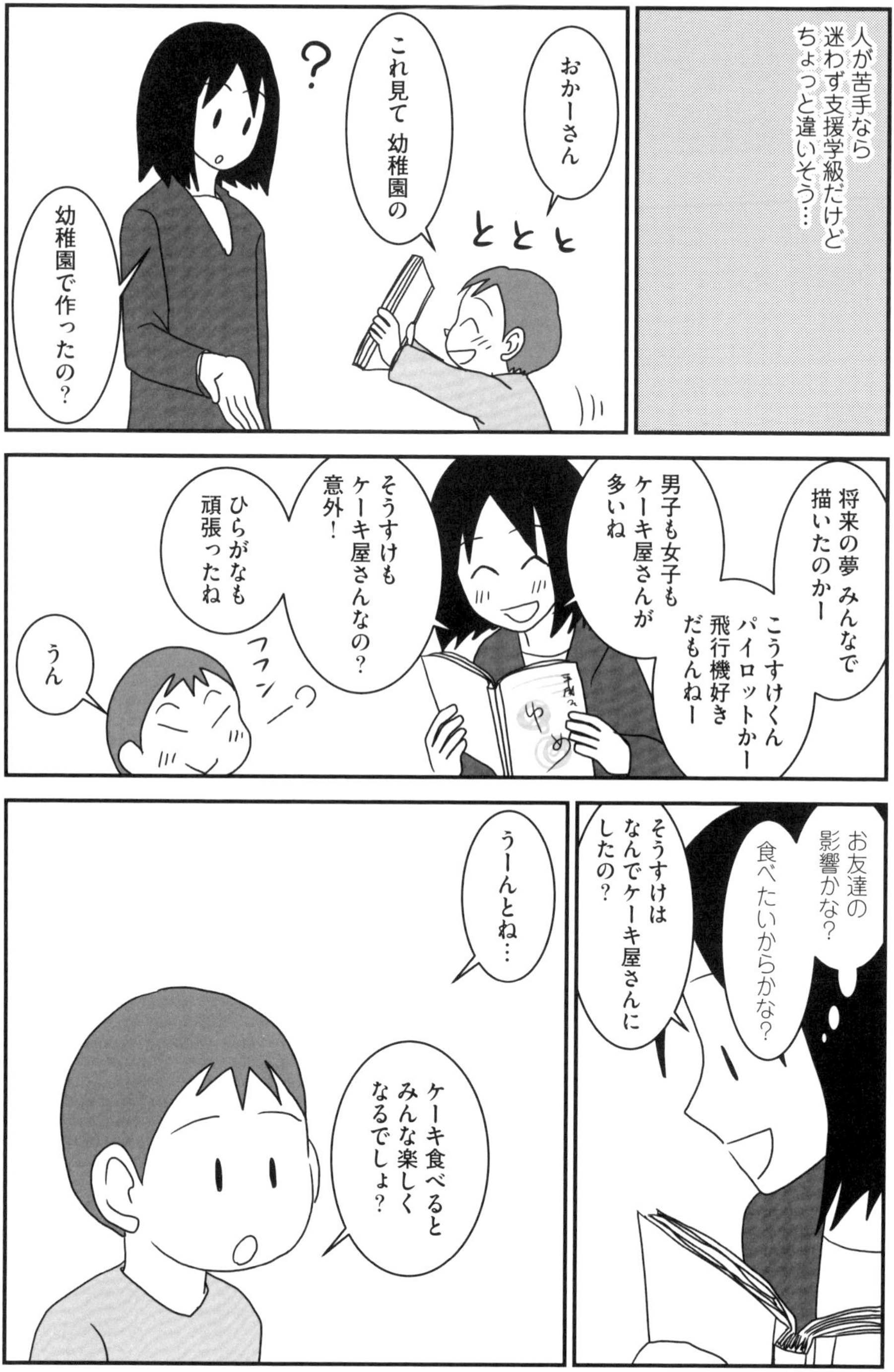
人が苦手なら
迷わず支援学級だけど
ちょっと違いそう…
おかーさん
ととと
これ見て 幼稚園の
？
幼稚園で作ったの？
将来の夢 みんなで描いたのかー
こうすけくん パイロットかー 飛行機好きだもんねー
男子も女子もケーキ屋さんが多いね
そうすけもケーキ屋さんなの？意外！
ひらがなも頑張ったね
フフン
うん
お友達の影響かな？
食べたいからかな？
そうすけはなんでケーキ屋さんにしたの？
うーんとね…
ケーキ食べるとみんな楽しくなるでしょ？

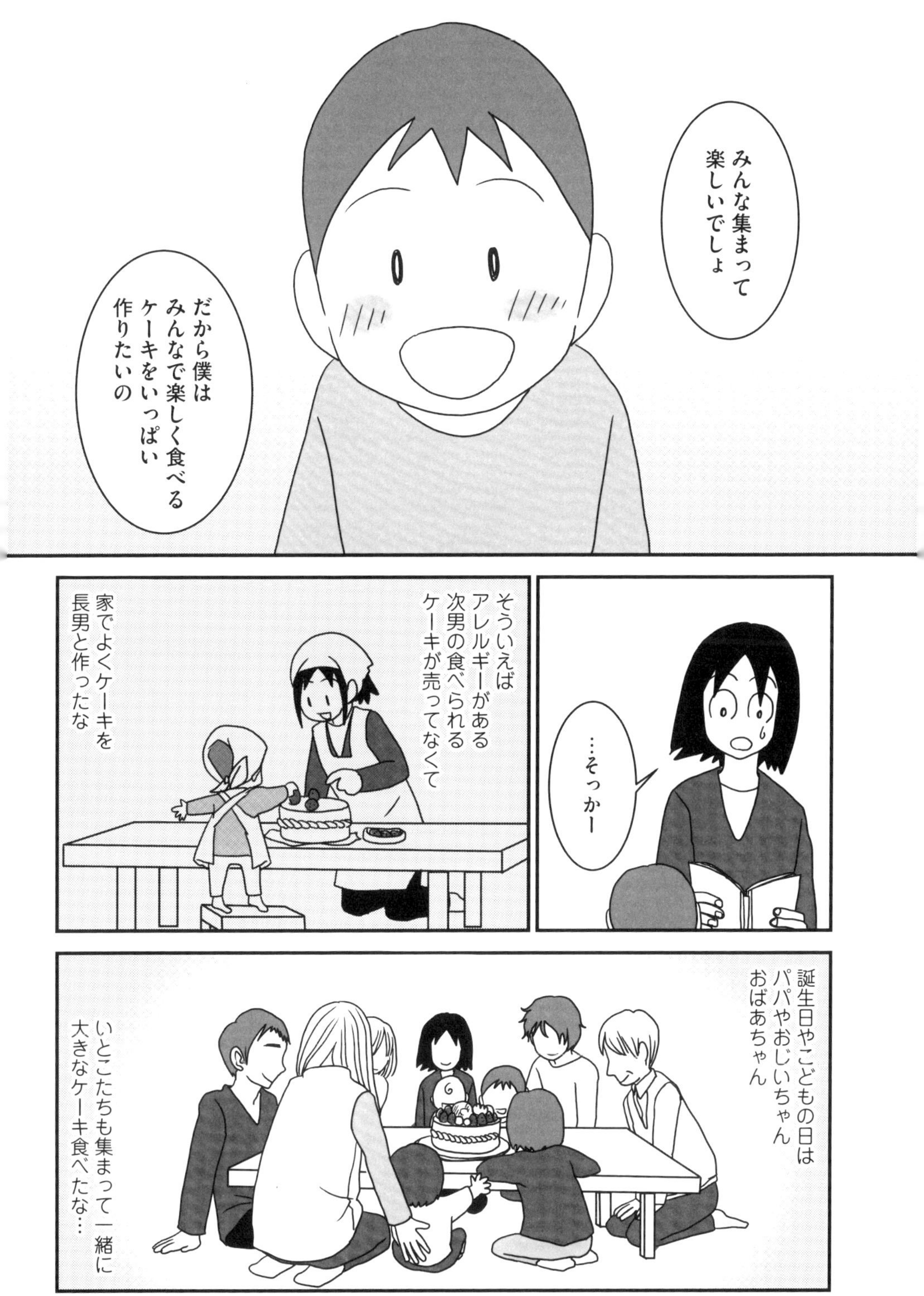

みんな集まって楽しいでしょ
だから僕はみんなで楽しく食べるケーキをいっぱい作りたいの
…そっかー
そういえばアレルギーがある次男の食べられるケーキが売ってなくて
家でよくケーキを長男と作ったな
誕生日やこどもの日はパパやおじいちゃんおばあちゃん
いとこたちも集まって一緒に大きなケーキ食べたな…

そのこと覚えててくれたんだ…
楽しんでくれてたんだ…
この子は人付き合いが不器用で
おかーさん
大きい ケーキ 作ってあげるからね
こーんな
特定の子とずっと一緒にいたい気持ちは薄いみたいだけど…
大勢の中で過ごす時間を楽しんでくれていたんだ…
大切な記憶になってたんだ
…うん
家族と同級生じゃ違うとは思うけど…
小学校で色々な経験同級生とさせてあげたい
少し背伸びする形になるかもしれないけど通常学級で希望を出してみよう…
ところであゆむは大きくなったら何になりたいの?
ぼくもケーキ屋さんケーキいっぱい食べる

発音

はっっっ…
ぱぁ
めぃぷる
しろっっっ……
ぷぅ
小さな「っ」の読み方を大げさに教えたら毎回苦しそうに読む長男
さるの
しっっっ…
ぽぉ
ちなみにのばす言葉「ー」も大げさに伝えたので
ぽっっっ…
ぷ
こぉぉぉぉぉぉぉぉん
こうなっている

引っ越し

周囲の転勤族の家庭の凸凹のある子の居住地事情
①家族全員パパと一緒に引っ越す派
②パパは単身赴任でママと子どもたちは実家or義実家の近くで家族の協力を受けながら暮らす派
③パパは単身赴任で専門医や療育機関が充実している地域または慣れた先生がいる地域にママと子どもたちは暮らす派
今回うちは①を選んでみたそのつど見直そうとは考えてるけど
新しい家楽しみだねー
ねー
うちの場合新しいこと好きなので引っ越しは嫌ではない むしろ好き
わくわく

真っ2つ

この進路に
子どもたち本人の意見を
反映するかどうか
迷って色々な人に
相談しましたが…
教職員や市の役人の人たちと
本人の気持ちを大切に
考えるべきです
お友達と違う場所に行くの
大丈夫ですか？
医療 療育関係者とで
今の年齢の本人に
決めさせるのは
難しいでしょう
まだ自分で判断できる
年齢ではありません
意見が見事に
真っ2つに分かれたのが
印象的でした
へー

一番は？

赤ちゃんの頃から
次男と2人きりの
時に
はーあゆむは かわいいねー かわいいねー
すりすり
ほっぺ ぷにぷにだねー 一番だよー あゆむが一番 ぷにぷにー
プニ プニ プニ プニ
なんてことを よく 言っていたら
最近自分から
主張してくる
お母さん ぼくが一番 かわいい
だっこ してー
そ そうすけ だって
そうすけ そうすけが 一番かわいい
違う あゆむが一番 かわいい
とこ とこ
そうすけも そうすけも だっこ…
そうすけは お兄さん
そうすけは一番 かっこいい
…あっそ
ニヤ？…
すごい次男
長男の扱い方を わかっている…

9話

これって
もしかして
「吃音」？

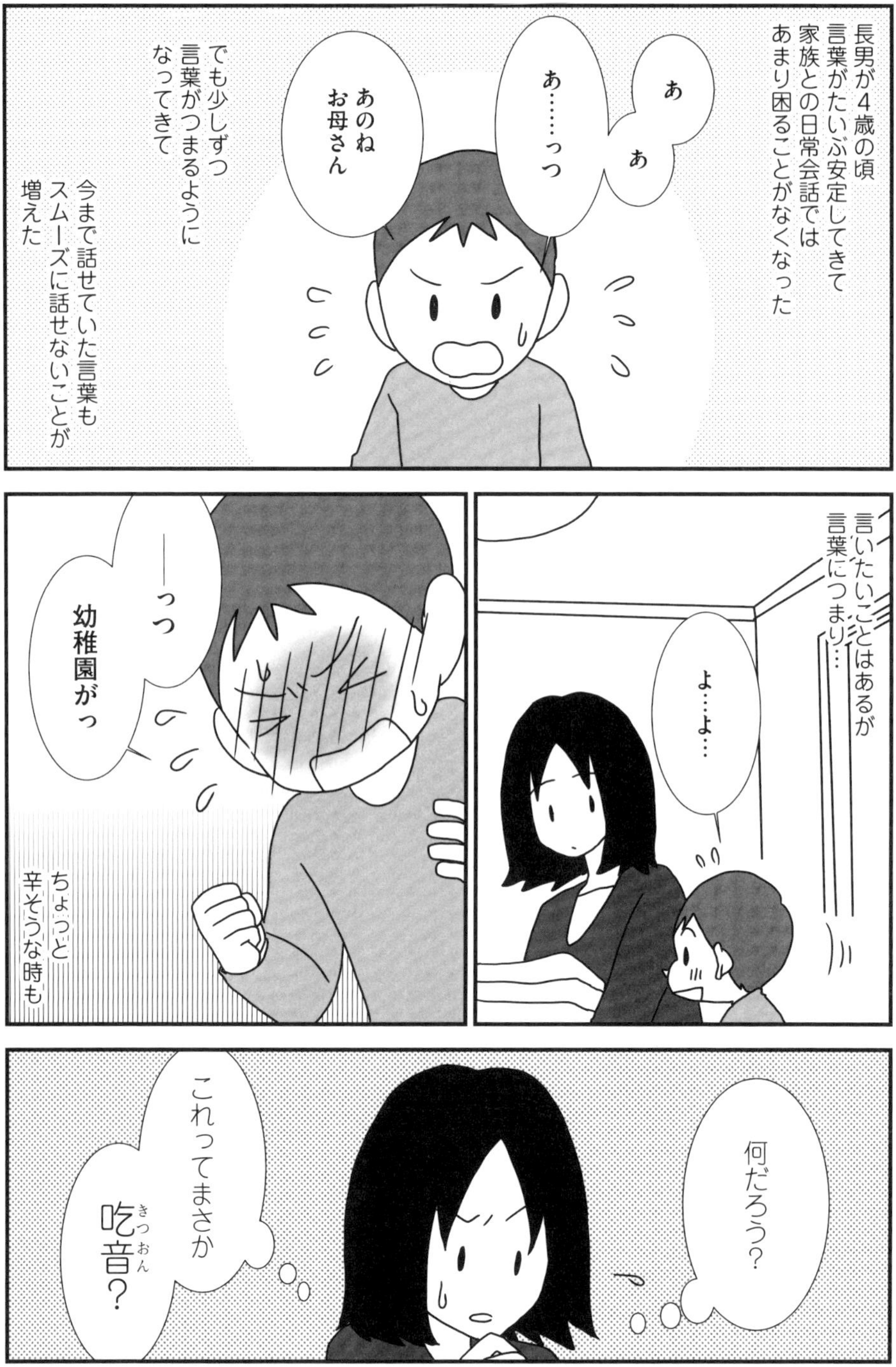
長男が4歳の頃
言葉がたいぶ安定してきて
家族との日常会話では
あまり困ることがなくなった
ぁ
ぁ
あ……っっ
あのね
お母さん
でも少しずつ
言葉がつまるように
なってきて
今まで話せていた言葉も
スムーズに話せないことが
増えた
言いたいことはあるが
言葉につまり…
よ…よ…
――っっ
幼稚園がっ
ちょっと
辛そうな時も
何だろう？
これってまさか
吃音《きつおん》？

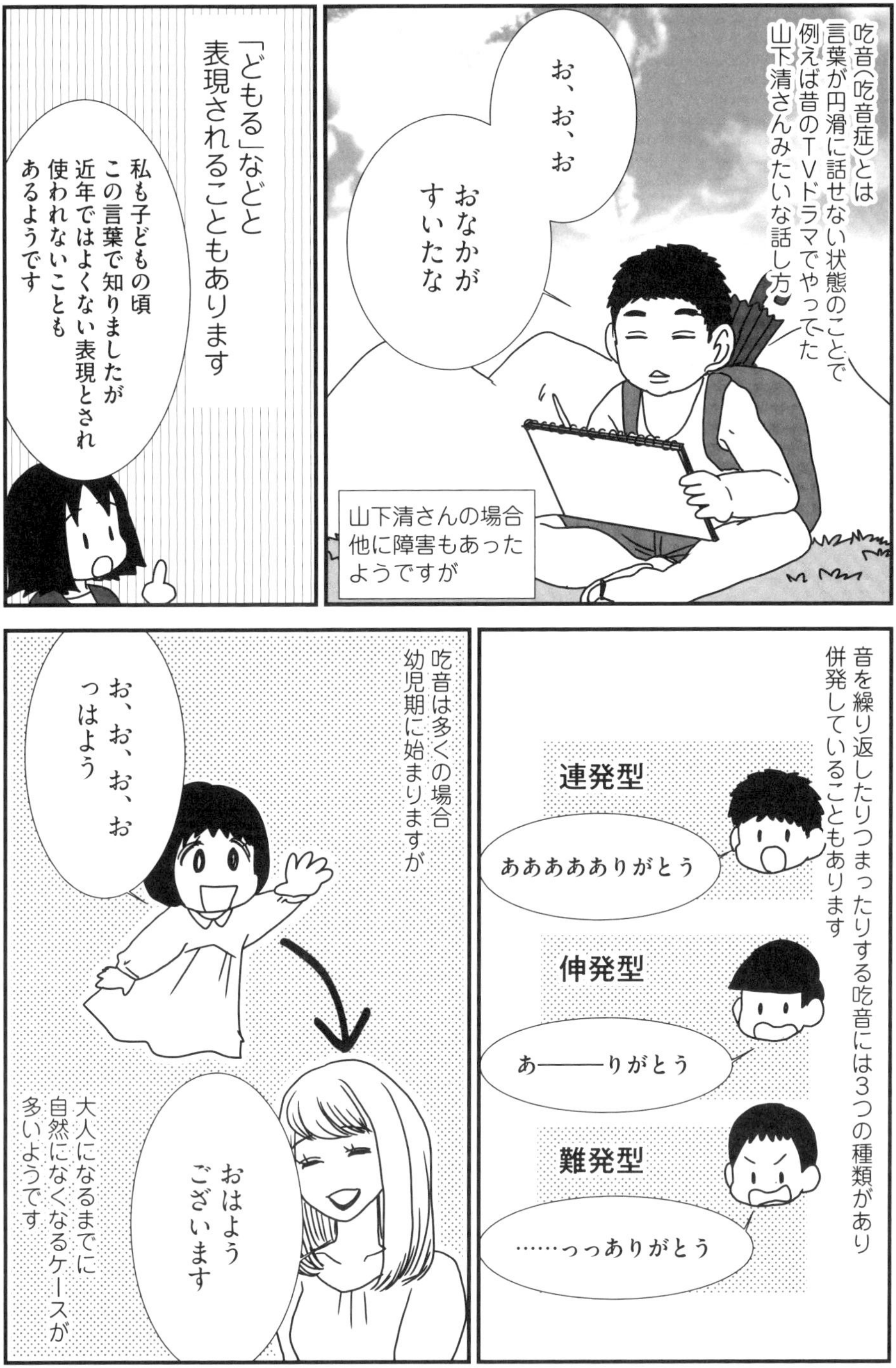

吃音（吃音症）とは
言葉が円滑に話せない状態のことで
例えば昔のＴＶドラマでやってた
山下清さんみたいな話し方
お、お、お
おなかが
すいたな
山下清さんの場合
他に障害もあった
ようですが
「どもる」などと
表現されることもあります
私も子どもの頃
この言葉で知りましたが
近年ではよくない表現とされ
使われないことも
あるようです
音を繰り返したりつまったりする吃音には3つの種類があり
併発していることもあります
連発型
ああああありがとう
伸発型
あ———りがとう
難発型
……っっありがとう
吃音は多くの場合
幼児期に始まりますが
お、お、お、お
っはよう
大人になるまでに
自然になくなるケースが
多いようです
おはよう
ございます

ですが
大人の吃音の方もいて
知人のGさんも吃音でした
こ、こ、こ、
んにちは
んモ、モモンズさん
知り合った時は
明るく社交的な方でしたが
言葉以外
他の人と同じなのに
吃音のため
仕事を左右されたり
からかわれたり
やっや、ややっめろ
ややや
やめろー
やっやっやー
あははははは
精神病になったり
辛い経験がたくさん
あったそうです
い、い、い、い、いっ
らっしゃいませ
え？
なに？
この人
なんか怖い
向こう行こう

子どもはハッキリ言うからな…
今の幼稚園では問題ないようだけどこの先何か言われるのかな…
悲しいけどよくわからない特徴のある人を警戒する気持ちもわからなくはない…
吃音の原因はまだちゃんとわかってないようだけど
ストレスや緊張も関係あると聞いたことがある
長男もストレスをためていたのかな
何か無理させてしまったのかな…
幸い今は自分で言葉の違和感に
気づいていないみたい
お
お
お
かあさん
だから私もふれていないけど…

このままでいいのかな…
何かできることはないのかな…
発達の遅れもそうだけど吃音も心配なのはそれ自体ともう一つ…
周囲と違う自分に気づき周囲と同じようにできない現状に悩み 別の病気に繋がってしまわないかということ…
統合失調症とか…
鬱とか…
聞いたことあるけど…
心配しすぎかな…
主治医に相談してみようかな
本とかも読んでみたい…
ん？
よく見たら病院の待合室の本棚に吃音の本が結構ある
言葉が出ない話せない
言語療法
子どもの吃音
言葉が気になる
の遅れ
子どもの

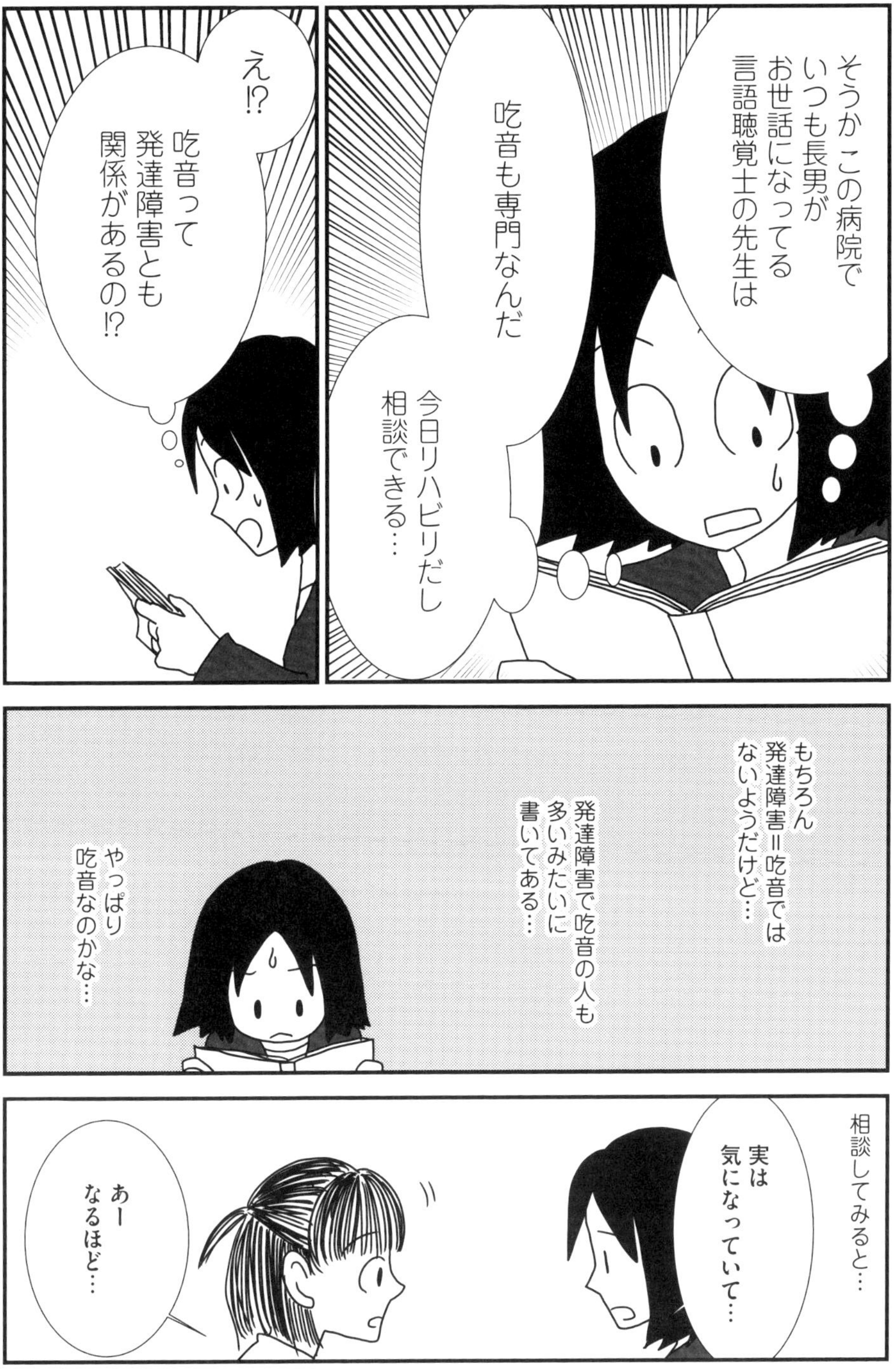
そうかこの病院で
いつも長男が
お世話になってる
言語聴覚士の先生は
吃音も専門なんだ
今日リハビリだし
相談できる…
え!?
吃音って
発達障害とも
関係があるの!?
もちろん
発達障害=吃音では
ないようだけど…
発達障害で吃音の人も
多いみたいに
書いてある…
やっぱり
吃音なのかな…
相談してみると…
実は
気になっていて…
あー
なるほど…

そうですね…
せせせっ
んせい
ようよう
ちろんでっ
確かに言葉はつまりますが…
純粋な吃音の子とは違うかなー
自閉傾向のある子の中にも言葉がつまる話し方をする子がいます
そうすけくんは急いでしまって言いたいことが出てこないそういうタイプだと思うんです
自閉傾向の子の特徴なんだ…
そうすけの場合は
純粋な吃音とは違うのか…

先生の話だと
頭の中で情報処理が上手にできず
言葉がつまるらしい
頭の中の伝えたいこと
給食で苦手な豆を食べたこと
特撮ヒーローの番組で面白かったこと
飛行機を見たこと
ネコの変な動きを見たこと
幼稚園で縄跳びをしたこと
ひひひこうき！昔（昨日）飛行機があった（飛んでた）
確かに長男は言いたいことがたくさんある時ほどよく言葉がつまる
そうすけくん久しぶり～元気だった？
ううんせっせっ先生
きょきょ今日のきゅきゅ給食ががががんばっっ
久々に好きな先生に会えた時とか幼稚園の帰り道とか…
そういえば私も言いたいことを伝えるのは苦手だ
――あの農家レストランモンちゃんの家の方だよね場所わかる？
え⁉あるぅんえーっとね…
急に話す時に言葉がうまく出てこない
なるほど…

あまり気にしなくても いいと思いますよ
じゃあ 今までの対応で よかったのかな?
何か改善する方法があれば 聞きたかったけど 今は周囲が気にしないことが 一番なのかも…
その後 少しずつ 言葉のつまりは減ったが
おかあさん
今度は言葉の最後が つまったり
りんごははははっ 全部でいくつ…
読む時は 特に言葉の最後が つまる気がするな…
単語を繰り返すような 話し方になってきた
おかあさん おかあさん おかあさん おかあさん きょうね
ちょっと騒がしいけど 様子をみています…

10話

気持ちの
切り替えと
「時計」

話は少しさかのぼって
長男が支援の幼稚園に
入園してから数ヶ月の頃…
毎日何度も癇癪を起こし
幼稚園生活が
できないことも多かった
もうすぐ朝の会
始めまーす
朝の会の前に癇癪
幼稚園
終わりまーす
帰る前に癇癪
その癇癪の原因の
多くは
う゛っ
う゛っ
切り替えが上手に
できないからだった

切り替えが
上手にできない
原因の一つは
見通しが持てないから
幼稚園ではわかりやすく
1
すなあそび
2
きゅうしょく
3
はみがき
4
かえる
絵カードとひらがなで
その日のスケジュールが
書いてある
なので
やることは
わかるが
すなあそびを
やるのか…
「いつ」やるのかが
わからない
長男の中ではいつも
時間は無限にあり

やりたいことも
たくさんある

ミニカー
さかなつり
ゲーム
ねんど
ボウリング

でも「時間」は
突然やってきて
ジカン
ダヨ☆
オーシーマイ☆
勝手に遊びを
終わらせてしまう
嫌な存在

そんな長男に
流れている時間を伝え
見通しが持てるよう
時計の見方を教えたかった
でも時計の見方って
難しいよね
小学校1年生の
学習内容だし…
でも幼児教材は
もう年中の年齢から
時計教えているな
あと5分とかだけでも
伝えられないかな…
長男は目からの情報に強いから
読めなくても
形を覚えてくれれば…
それに療育の先生に
そうすけくんは
数字 強そうですね
数字？
って言われたし
もしかしたら伝わるかも…
う〜〜ん…
そこで時計の形の教材を使い
伝えてみた
そうすけ 見て
時計が
10時になったら
おもちゃ
片付けよう
10時は
この形だよ

?
が何?
が伝わっている気がしない
ぽかーん
ほら10時に
なったよー
おしまい
なんで
急に?
同じ形に
変わった…?
いつ??
なんだこれ
いやだー
ゔあ゙あ゙あ゙あ゙
ダン
ドーン
長男は時計への興味がなく
「部屋の中の飾り」くらいに
考えているようだった
その針が少し変わったことなど
興味が持てなかった
また
時計が「動いていない」と
よく言っていた
「ゆっくり進む」が
イメージできなかったようだ

普段小さなこともよく覚えていて違いに気づくことが多いけどな…
例えばこんなブロックの小さな変化も
ちょびっ
違う
部屋に入った瞬間わかる
4 m
興味のあるなしの違いかな??
そういえば私も変に細かい事に気づくけど興味の薄いことは気づきにくいかも…
お疲れさまー あれ 伊藤さん 髪切ったの? かわいいー
ありがとー
え!?
ギクッ
朝から一緒だけど気づかなかった…
興味を持たせるためにキャラシールでも貼ってみる?
でも逆にそこしか見ない可能性も高いな…
その頃幼稚園の先生は時計で時間を伝えつつ
遊びを「切りのいいところ」で終われるように導いてくれた

例えば
あと5分か
そうすけ あと5分だけど ねんどの型抜きは あと何回で 終わりにする？
2回？
3回？
といった感じ
これを こんな風に言うと…
あと5分で 終わりだから あと少しで 片付けよう
なんで急に？ 勝手に決められた
というように 感じるが
そうすけは あと何回で 終わりにする？
3回！
まだ たくさんできる 自分で決められた
となるので 嫌じゃない 様子
↑さりげなくちょうどいい回数
こうすると スムーズに 切り替えられる ことも
終わった 手洗う
でも 一つ終わりにできても 次に新しい遊びを 見つけてしまうことが 多いので
!!
ジャブ ジャブ
他のおもちゃは 片付けておかなくては ならない…

次にタイマーを使ってみた
時計が読めなくても使えるし音もなるのでわかりやすい
分
秒
ストップ スタート
あと5分でおしまいだからタイマー使おう
そうすけスタート押して
先生は使うことを事前に説明してくれたが
ピピピピピピピピピ
忘れた頃に突然音がするので気持ちがついていけずうまく切り替えられなかった
ドキッ
ぎゃあ゛あ゛あ゛あ゛
そういえば時計もタイマーもデジタルとアナログがあるけどどっちがいいのかな？
時計の教材はアナログしか見ないけど
読むだけならデジタルの方がわかりやすい気がする…
リハビリしている時に言語聴覚士の先生に聞いてみたら…
時計はデジタルとアナログどちらで覚えた方がいいんでしょうか？
そうですね
数字にとても強くて数で時間が予測できる子はデジタルでもいいと思いますが…

アナログの方が残り時間など見てわかりやすいので
最初はアナログの方が覚えやすいと思います
10時まで
あとこれくらい
なるほど計算しなくても見てわかる…
その話を幼稚園で先生にしたらアナログタイマーを用意してくれた
これはわかりやすそうと思ったが
↑1時間まで設定できる
色の付いた部分が減っていく
……
何これ? 動いてないじゃん
じろぉ〜
と言われたので12分計の家用に買ってみた(千円くらい)
ちょうどキッチンタイマーも壊れてたし…
チチチチチ
じろぉ〜
これ
動いてる

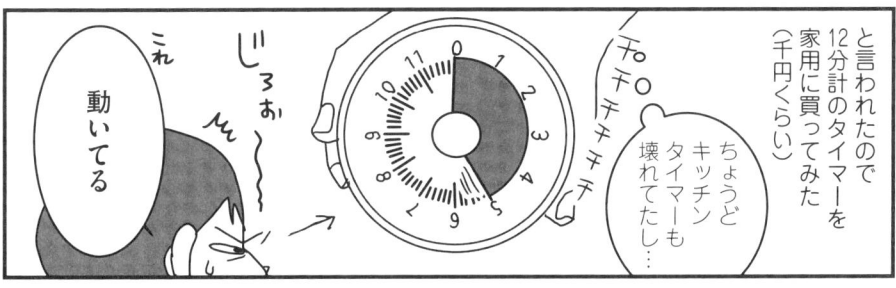

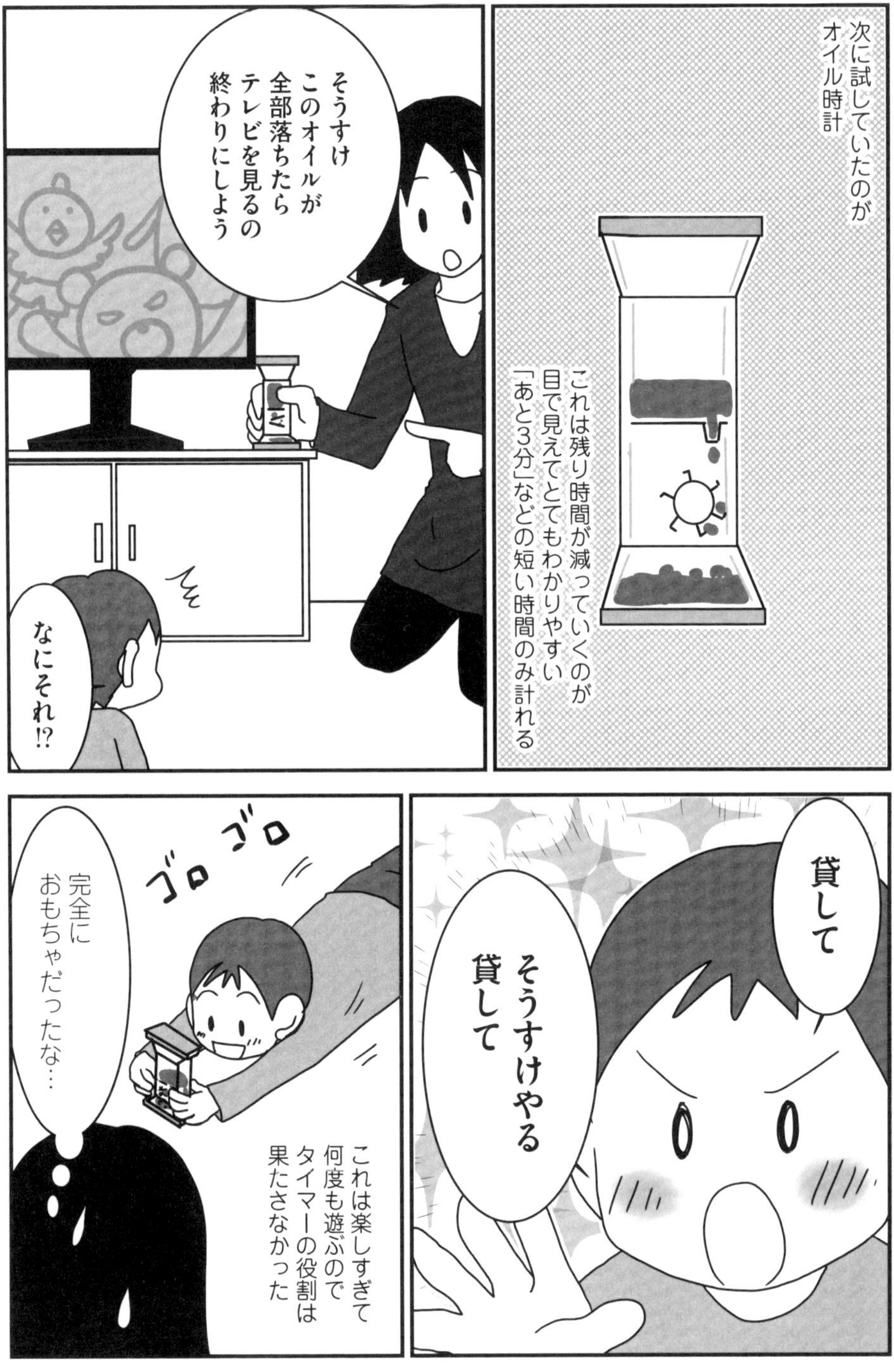
次に試していたのがオイル時計
これは残り時間が減っていくのが目で見えてとてもわかりやすい「あと3分」などの短い時間のみ計れる
そうすけこのオイルが全部落ちたらテレビを見るの終わりにしようう
なにそれ!?
貸して
そうすけやる貸して
ゴロゴロ
完全におもちゃだったな…
これは楽しすぎて何度も遊ぶのでタイマーの役割は果たさなかった

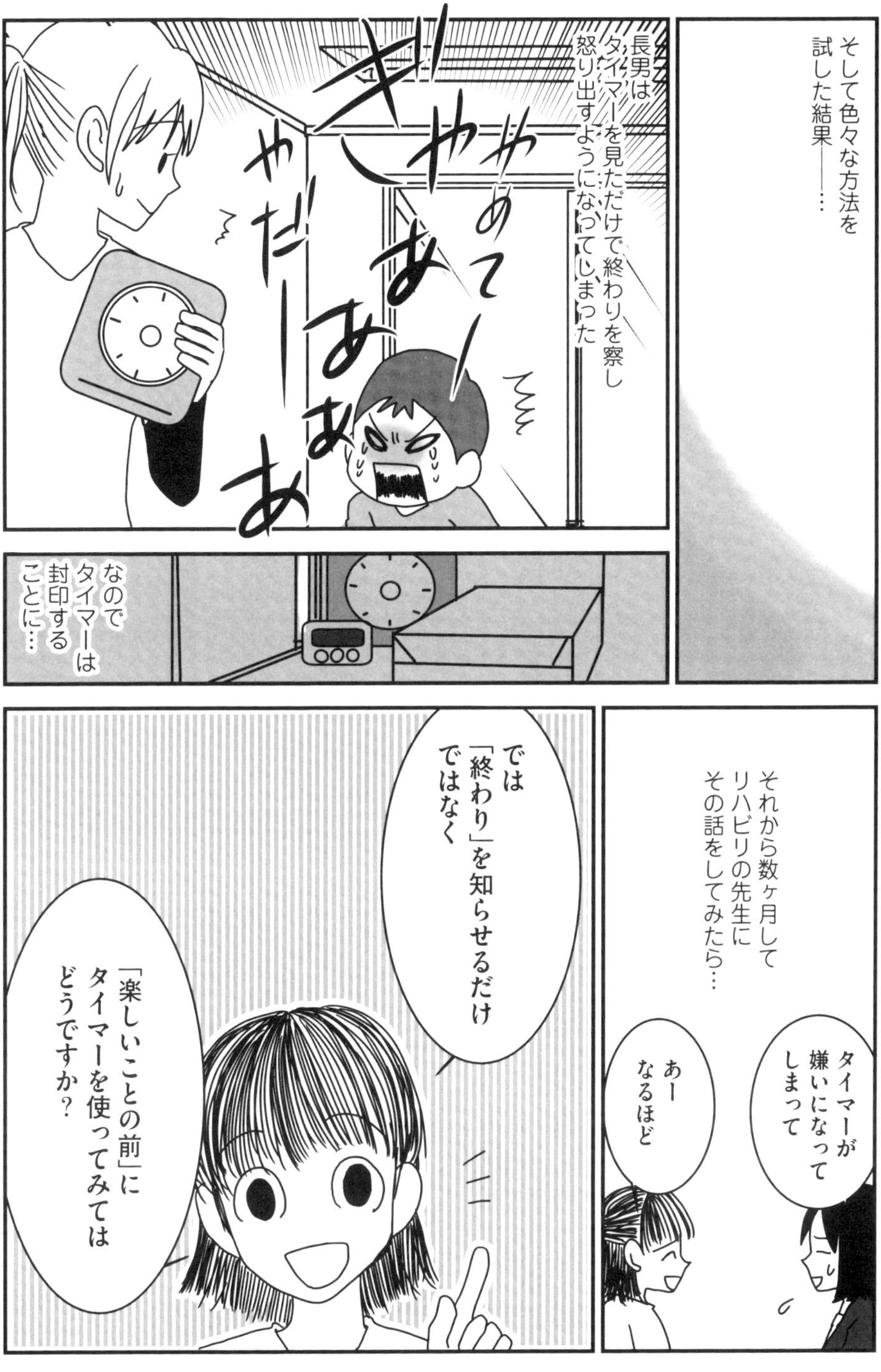
そして色々な方法を試した結果――…
長男はタイマーを見ただけで終わりを察し怒り出すようになってしまった
ギやあああ
やめてー
やだー
なのでタイマーは封印することに…
それから数ヶ月してリハビリの先生にその話をしてみたら…
タイマーが嫌いになってしまって
あーなるほど
では「終わり」を知らせるだけではなく
「楽しいことの前」にタイマーを使ってみてはどうですか?

確かに
あ゛っ
今まで終わりの時しか使ってなかった
長男にとって時計もタイマーも時間を知らせるものではなく
楽しい時間を終わらせる「悪者」になっていたのかも…
ヒッヒッ
ヒッ
ヒッヒッ
おわらせちゃうぞ〜〜
例えばおやつの前に
あと5分でおやつだよタイマーが鳴ったら食べよう
とか
好きなテレビの前に
あと10分で始まるよ
なんて使ってみてはどうですか？
確かにそうだ時間は「終わり」だけじゃない
今まで「時間の切り替え」が嫌なものだったから時計やタイマーを使ったのに今はその道具すら嫌なものになってしまった…
今度は楽しい「時間の切り替え」を時計やタイマーで伝えてみよう

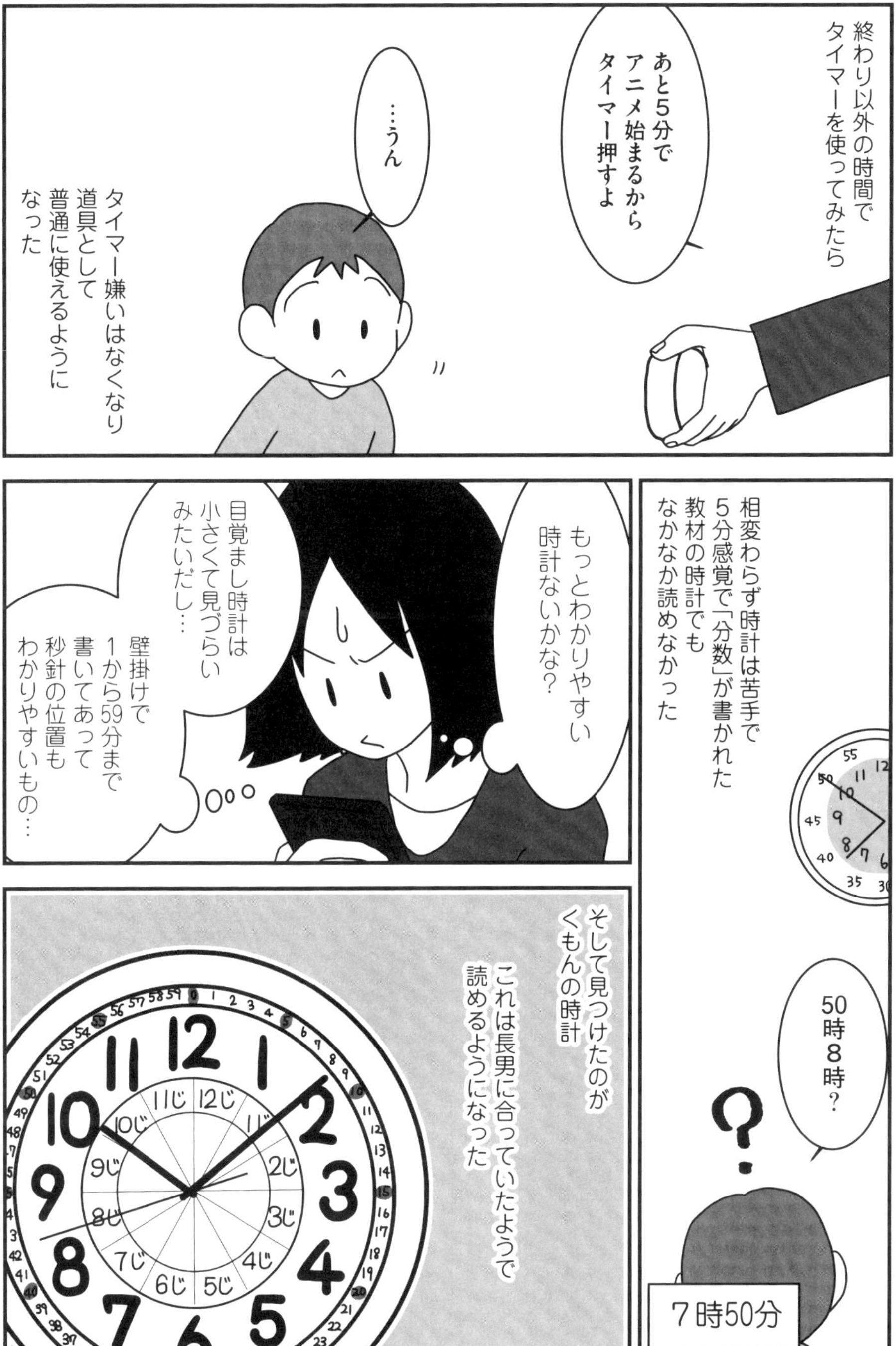

終わり以外の時間でタイマーを使ってみたら
あと5分でアニメ始まるからタイマー押すよ
…うん
タイマー嫌いはなくなり道具として普通に使えるようになった
相変わらず時計は苦手で5分感覚で「分数」が書かれた教材の時計でもなかなか読めなかった
50時8時？
7時50分
もっとわかりやすい時計ないかな？
目覚まし時計は小さくて見づらいみたいだし…
壁掛けで1から59分まで書いてあって秒針の位置もわかりやすいもの…
そして見つけたのがくもんの時計
これは長男に合っていたようで読めるようになった

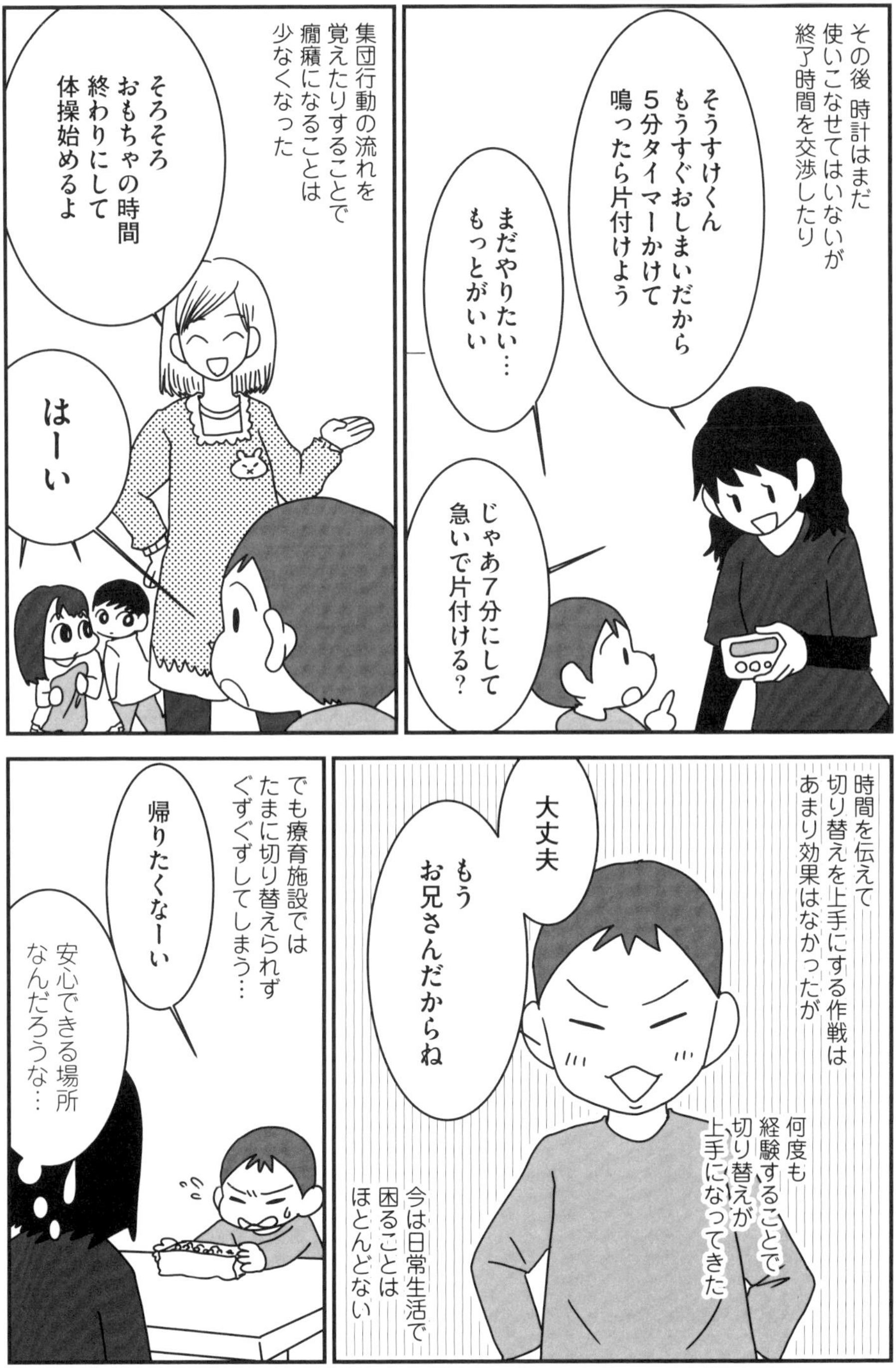

その後 時計はまだ使いこなせてはいないが終了時間を交渉したり
そうすけくん もうすぐおしまいだから 5分タイマーかけて 鳴ったら片付けよう
まだやりたい… もっとがいい
じゃあ7分にして 急いで片付ける?
集団行動の流れを覚えたりすることで癇癪になることは少なくなった
そろそろ おもちゃの時間 終わりにして 体操始めるよ
はーい
時間を伝えて切り替えを上手にする作戦はあまり効果はなかったが
大丈夫
もう お兄さんだからね
何度も経験することで切り替えが上手になってきた
今は日常生活で困ることはほとんどない
でも療育施設ではたまに切り替えられずぐずぐずしてしまう…
帰りたくなーい
安心できる場所なんだろうな…

11話

体の傾きを替えれば走り方が変わる?

支援の幼稚園での運動会では
個人同士で競うことはなかった
団体競技は勝ち負けをつけるが個人競技で勝ち負けはない
一人ずつスタートして自分のペースで走りゴールする
他者ではなく去年の自分と比較し成長を発表するようなイベントだった
支援の幼稚園を出て初めての運動会
長男の競争初めて見るな…
毎回最後か最後から２番目くらい
のたのた
私も遅かったし期待はしてないけど楽しく参加できたらいいな
録画しよう
よーい
パ
長男の列だ
あれ？
長男がいない？？
ん？
どうしたんだろう
まさか癇癪⁉

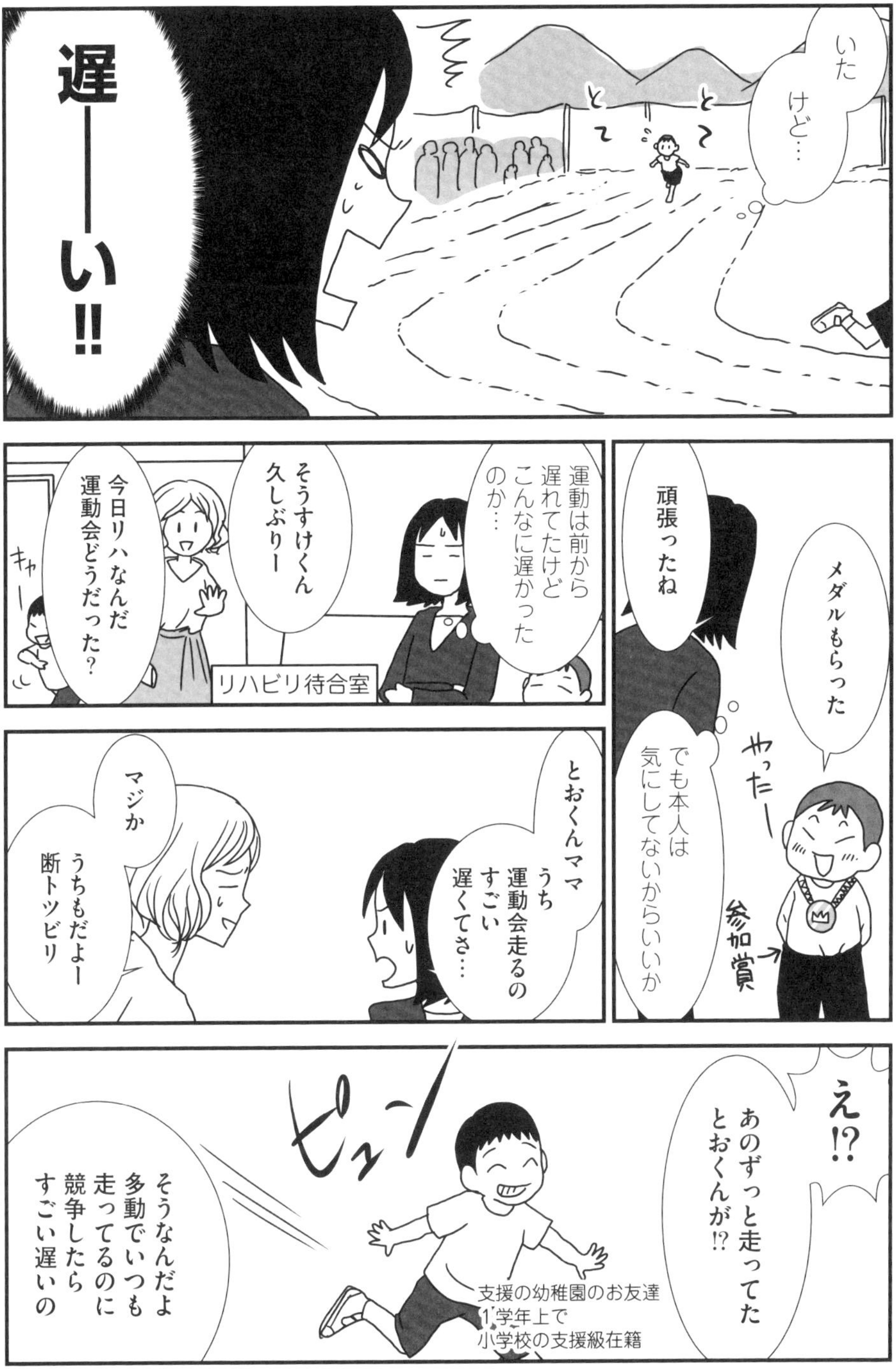
いた
けど…
とて
とて
遅ーーい!!
メダルもらった
やったー
頑張ったね
でも本人は気にしてないからいいか
参加賞
運動は前から遅れてたけどこんなに遅かったのか…
そうすけくん久しぶりー
今日リハなんだ運動会どうだった?
キャー
リハビリ待合室
とおくんママ うち運動会走るのすごい遅くてさ…
マジか
うちもだよー 断トツビリ
え!?
あのずっと走ってたとおくんが!?
ピューン
そうなんだよ 多動でいつも走ってるのに競争したらすごい遅いの
支援の幼稚園のお友達
1学年上で
小学校の支援級在籍

まずね
体幹弱くて走り方が
乙女っぽいの
くにゃ
くにゃん
同じだ…
そうすけも
くにゃくにゃ走る
あと周囲が気になって
前見て走らないの
ワー
ワー
ワー
そうそう
うちも
観客見てた
あとさ
内側走った方が
速いとか
わかってないから
ずっと同じレーン
走ってた
スタート
ゴール
うちも
外側走ってた
体幹はしかたないけど
今までの環境との違いが…
他のことでは
勝ち負けこだわるけど
スポーツは
競う経験が少なくて
理解できて
なかったっぽいわ
う〜ん…
支援の幼稚園は
スポーツで競うとか
ほとんどなかった
からね…
うちも
ゴールすれば
大成功だと
思ってる
気がする…
まあそれも
いいんだけど…
競うことを伝えてみる?
でも能力的に難しいなら
心折れて走らなく
なるかも…
様子見るしか
ないか
今日理学のリハだし
一応理学療法士の先生に
伝えておこうかな
なるほどー
でも そうすけくん
以前よりだいぶ
体幹よくなったし
ずばぬけて
遅いとは
思えませんが…

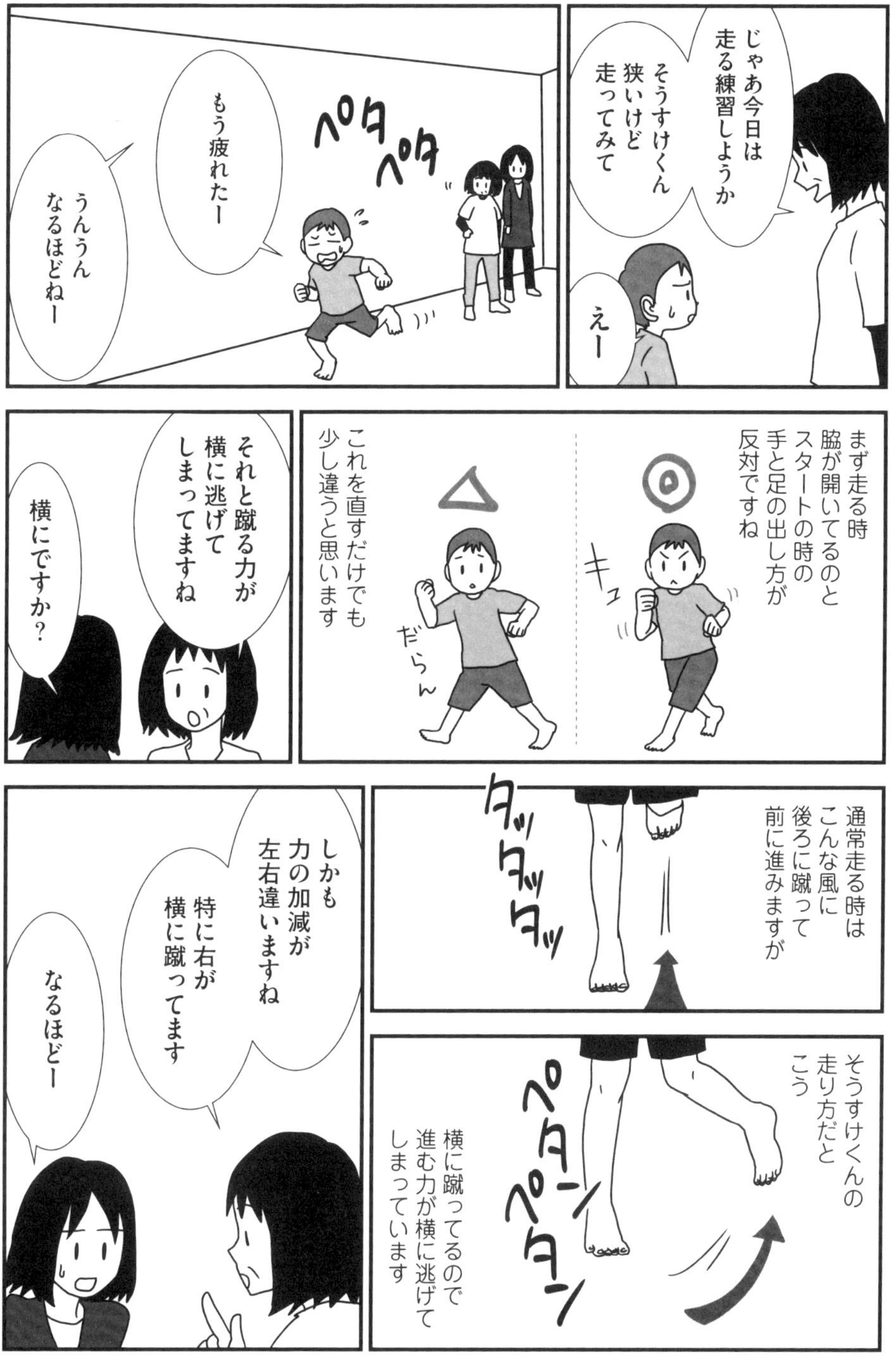
じゃあ今日は走る練習しようか
そうすけくん狭いけど走ってみて
えー
ペタペタ
もう疲れたー
うんうんなるほどねー
まず走る時脇が開いてるのとスタートの時の手と足の出し方が反対ですね
◎
キュ
△
だらん
これを直すだけでも少し違うと思います
それと蹴る力が横に逃げてしまってますね
横にですか?
通常走る時はこんな風に後ろに蹴って前に進みますが
タッタッタッ
そうすけくんの走り方だとこう
ペターンペターン
横に蹴ってるので進む力が横に逃げてしまっています
しかも力の加減が左右違いますね
特に右が横に蹴ってます
なるほどー

歩いている時も内側に力がかかってますね
アヒルみたいな足
立っている時もつま先が前を向いてません
かかとをしっかり固定する靴を履くといいかもしれませんね
ガチン
支援の幼稚園でダウン症の子たちが履いてるやつですか？
あれもいいですが そうすけくんはあそこまでじゃなくてもいいかな
値段が高いし この辺じゃ売ってないので
靴屋さんで買えるニューバランスなどはおすすめです かかとがしっかり固定されるので正しい姿勢になるんです
5千円くらいで買えると思いますよ
今はどんな靴を履いてますか？
…この180円の靴を愛用してます
すぐサイズの変わる子どもの靴にお金をかけない派
ぷらん
180円!? そんな靴あるんですか!?
以前はテープの付いた靴を履いていたのですが 脱ぎ履きが困難で毎回癇癪になってしまいまして…
スポン
簡単に履ける靴にしたんです
でもそれから少し経ちますし もう履けるかも… 硬い靴を履かせてみます
なるほど… よく見ると今履いてるこの靴内側がかなりすり減ってますね
気づかなかった こんなに内側に力がかかってるんですね

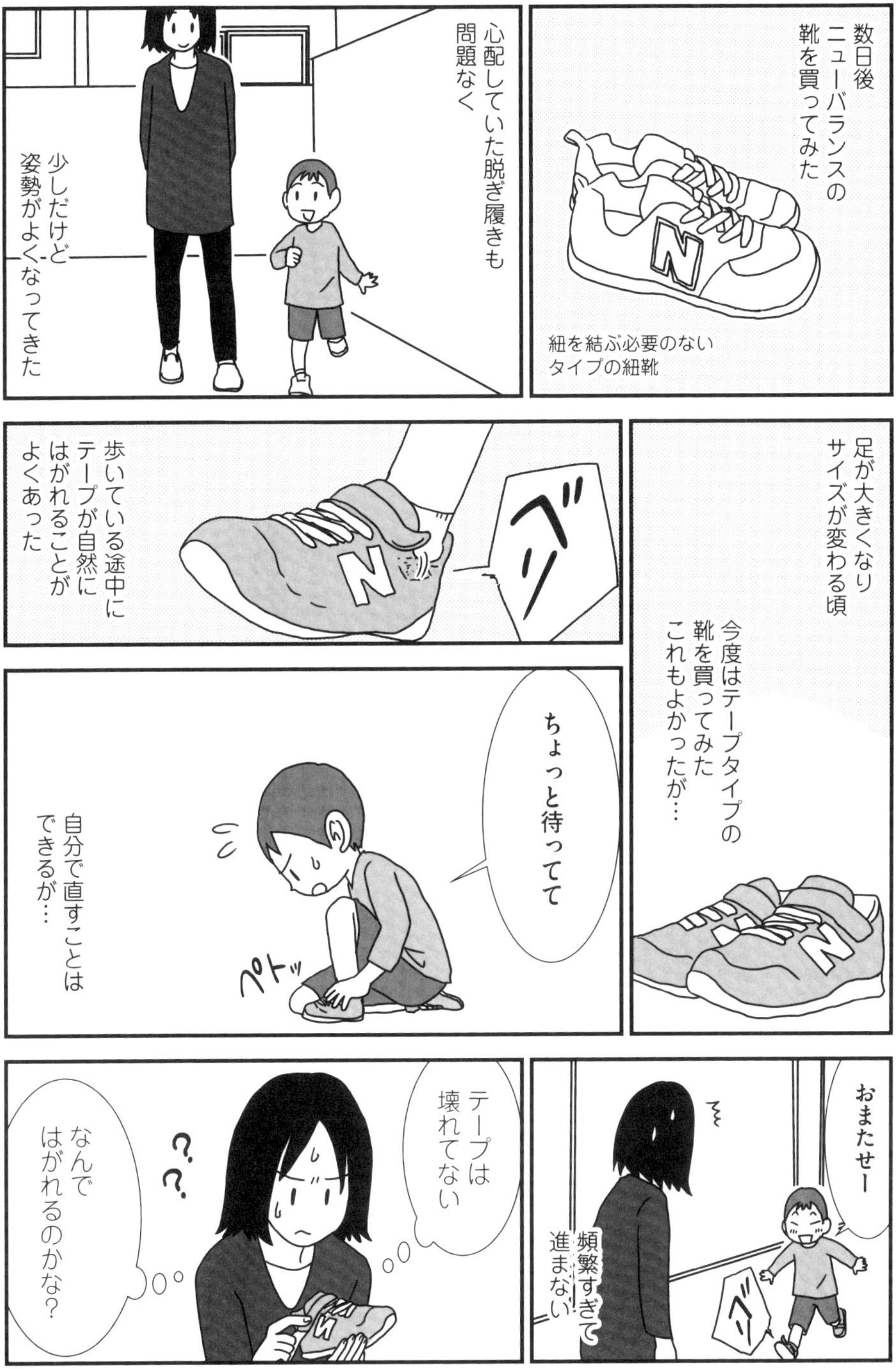
数日後
ニューバランスの
靴を買ってみた
紐を結ぶ必要のない
タイプの紐靴
心配していた脱ぎ履きも
問題なく
少しだけど
姿勢がよくなってきた
足が大きくなり
サイズが変わる頃
今度はテープタイプの
靴を買ってみた
これもよかったが…
ベリ
歩いている途中に
テープが自然に
はがれることが
よくあった
ちょっと待ってて
ペトッ
自分で直すことは
できるが…
おまたせー
ベリ
頻繁すぎて
進まない
テープは
壊れてない
なんで
はがれるのかな？

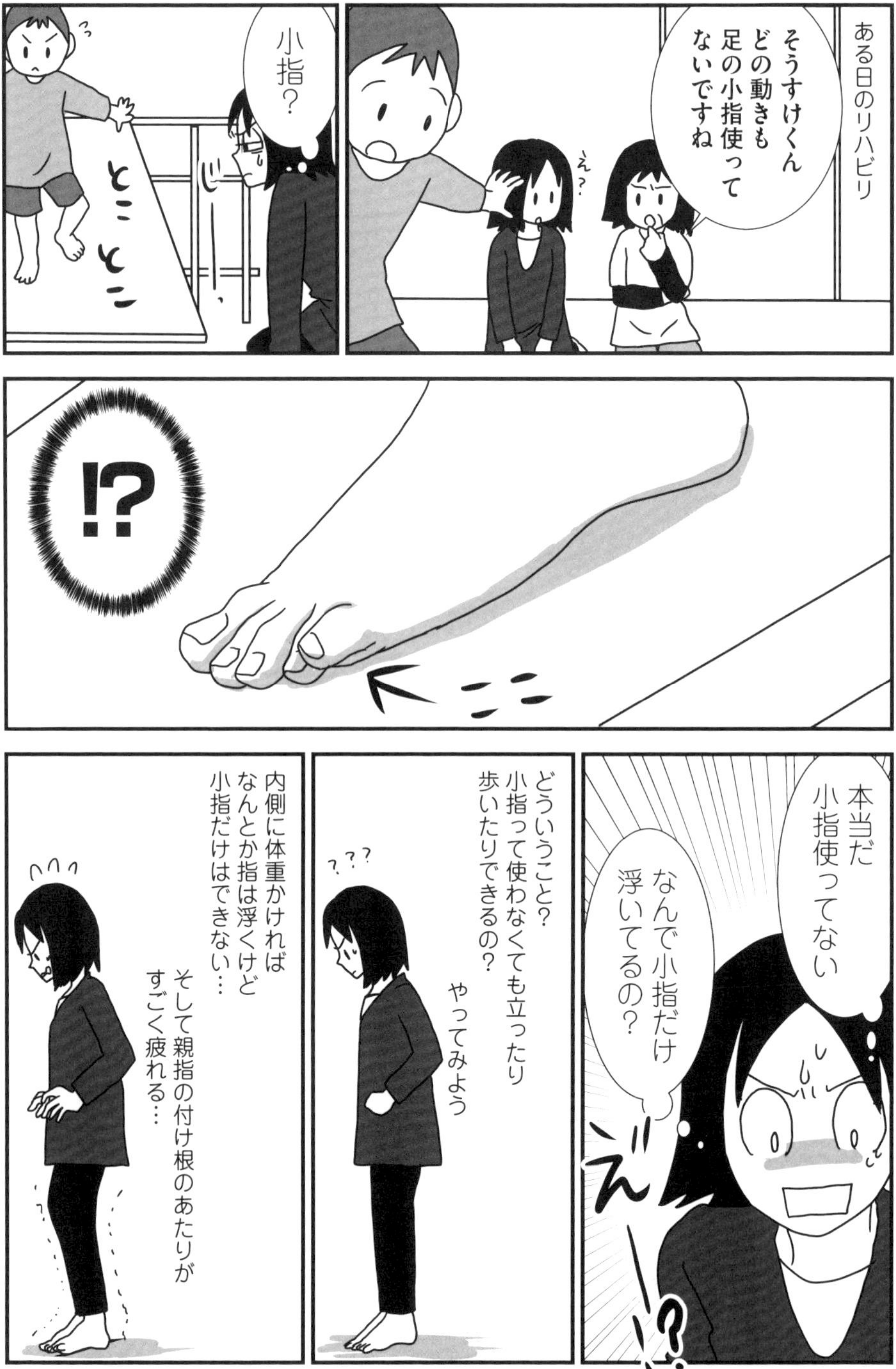
ある日のリハビリ
そうすけくん どの動きも 足の小指使って ないですね
え？
小指？
とこ とこ
じー
!?
本当だ 小指使ってない
なんで小指だけ 浮いてるの？
どういうこと？ 小指って使わなくても立ったり 歩いたりできるの？
やってみよう
内側に体重かければ なんとか指は浮くけど 小指だけはできない…
そして親指の付け根のあたりが すごく疲れる…

そういえば ここは長男の足の裏で 硬くなってるところだ
ここ
なんで硬いのか 不思議だったけど こんなに体重が かかってたのか…
もしかして 靴のテープも!?
テープ?
なるほど…
そうですね
靴全体が内側に くせがついていますね いつも相当強い力で 内側に力を かけているんですね
ペリ
グイッ
内側に 引っ張られることで テープがはがれてしまう ようですね…
特に右に強い力が かかってますね
ほら!!
右
左
ボロ
靴底のすり減り方が 違います
ピッ
ピッ
なるほど…
なんか 先生が名探偵に 見えてきた

長男の体の傾きが
ニューバランスの靴に
勝ってしまったのか…
先生に教わったのは
マッサージ
ここから
ここまで
今使われていない
小指の骨を
もみほぐしてあげると
いいらしい
早速試したが
くすぐったい
やめてー
ヒャ ヒャ ヒャ ヒャ ヒャ
足裏に
触らせてくれず
断念
もう一つ
教えてもらったのは
まっすぐ歩く練習
今までは
こんな感じに
つま先が横を
向いたまま
歩いていたので
つま先を前に向け
歩く練習をした
少しずつだけど
靴のテープが取れる
回数が減っていった
取れた時は
つま先が横を向いていると気づき
自分で姿勢を正すようになった
ペリ

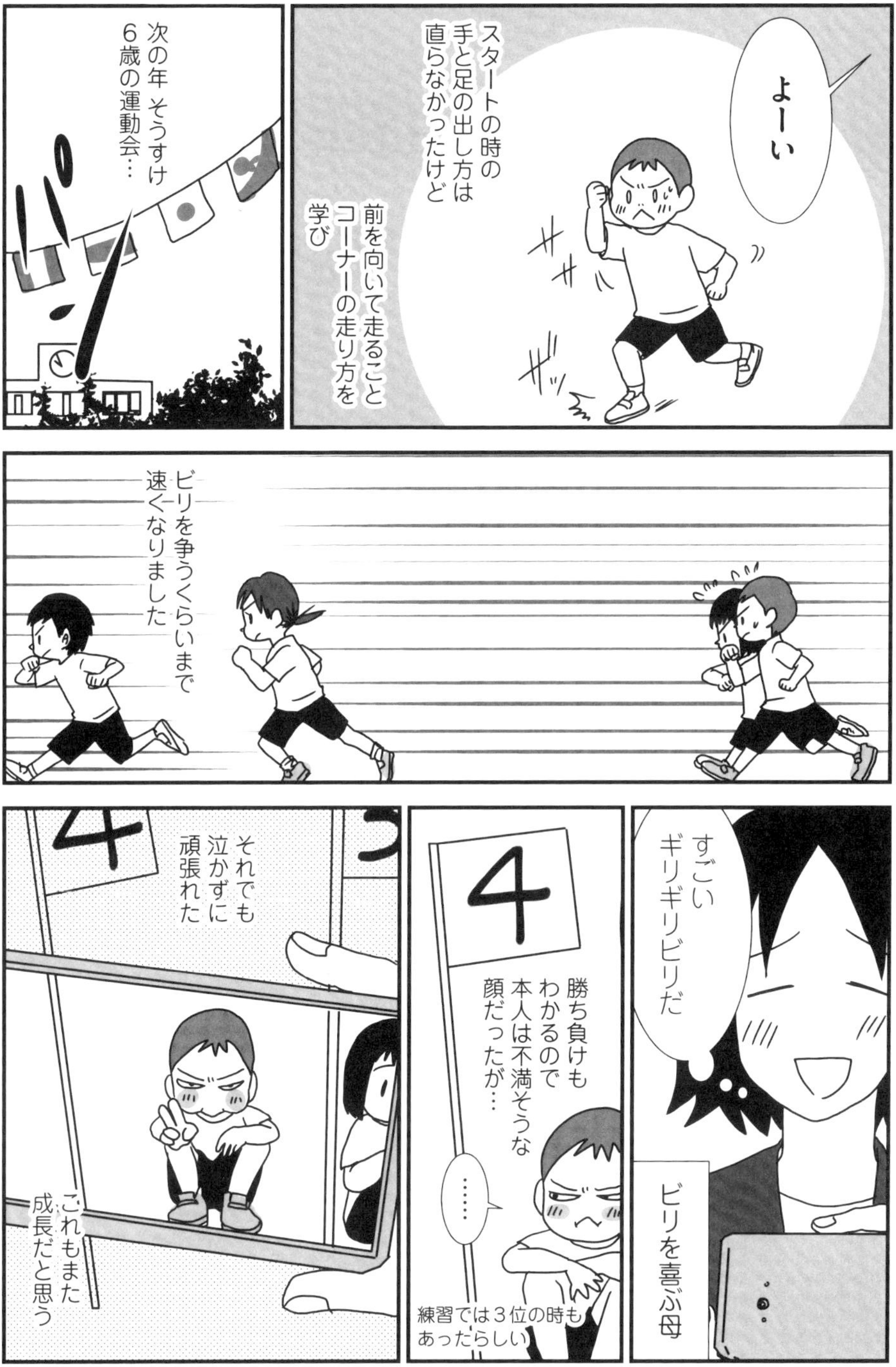

よーい
スタートの時の手と足の出し方は直らなかったけど
前を向いて走ることコーナーの走り方を学び
ザザ
ザッ
次の年 そうすけ6歳の運動会…
ビリを争うくらいまで速くなりました
すごい ギリギリビリだ
ビリを喜ぶ母
勝ち負けもわかるので本人は不満そうな顔だったが…
……
練習では3位の時もあったらしい
それでも泣かずに頑張れた
これもまた成長だと思う

時計のその後

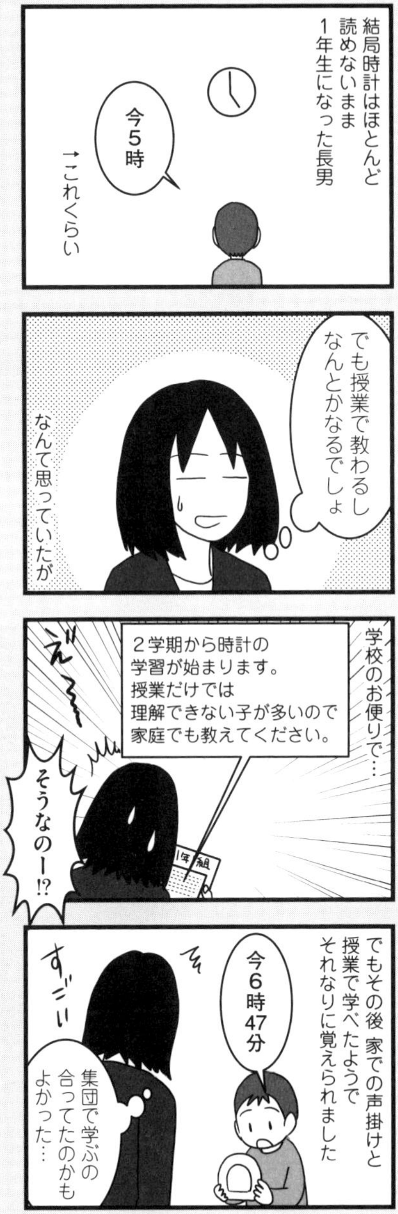
結局時計はほとんど
読めないまま
1年生になった長男
今5時
→これくらい
でも授業で教わるし
なんとかなるでしょ
なんて思っていたが
学校のお便りで…
2学期から時計の
学習が始まります。
授業だけでは
理解できない子が多いので
家庭でも教えてください。
そうなのー!?
でもその後 家での声掛けと
授業で学べたようで
それなりに覚えられました
今6時47分
すごい
集団で学ぶの
合ってたのかも
よかった…

自転車

自転車はペダルのない
幼児用自転車をママ友から
勧められたので
こんなの
その自転車が
乗れるようになってから
普通の自転車を試してみた
両方最初は怖がっていて
長く乗らない
期間もあったけど
細々続けたら
1年生になる直前
乗れるようになった
そそ〜
この方法を
次男にも試したが…
あむは
無理よ
無理
まったくやる気がないので
いまだに何もできない…

12話

いざ！教育委員会との話し合い「就学相談」へ

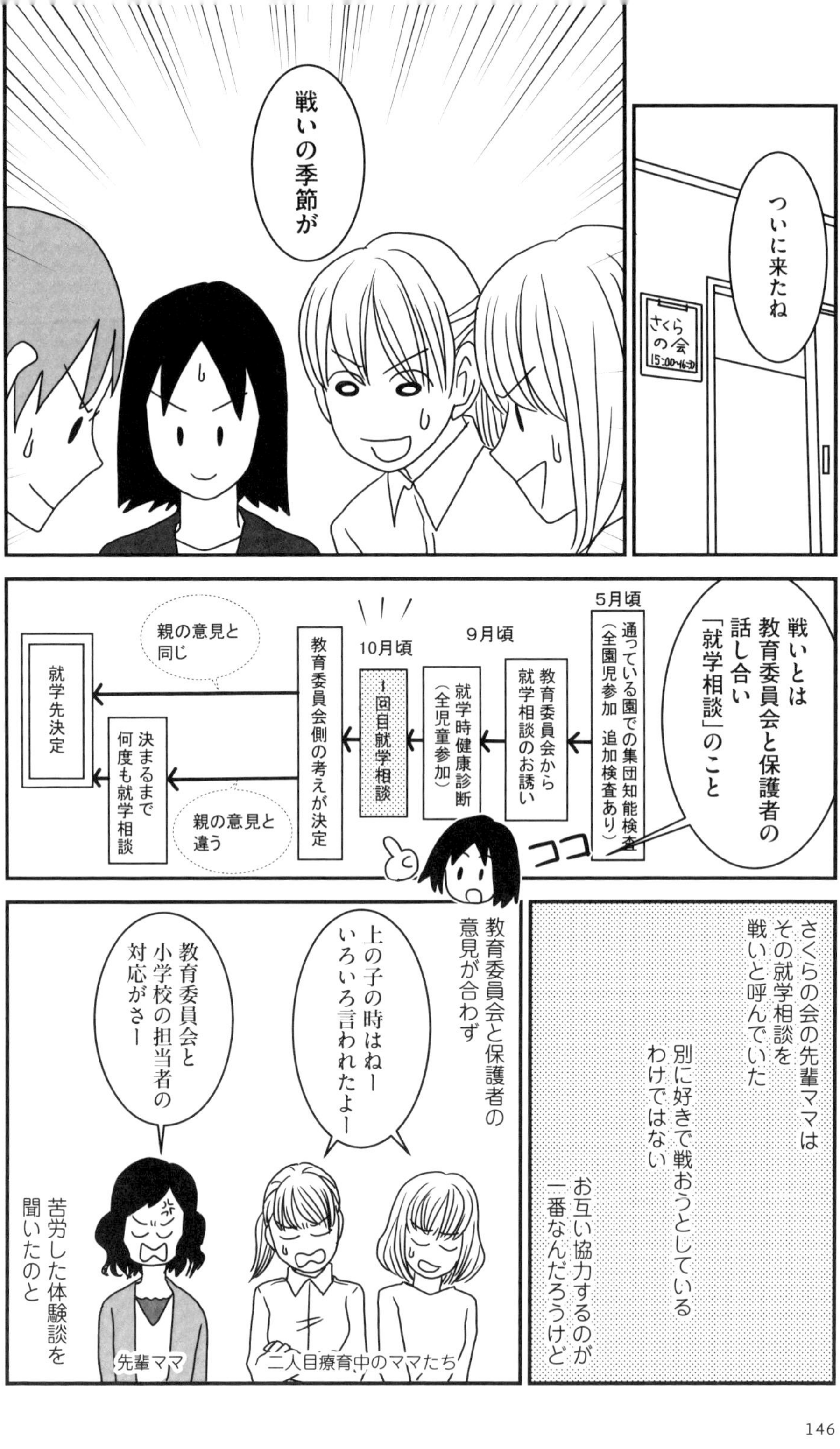
ついに来たね
さくらの会
戦いの季節が
戦いとは教育委員会と保護者の話し合い「就学相談」のこと
5月頃
通っている園での集団知能検査（全園児参加　追加検査あり）
9月頃
教育委員会から就学相談のお誘い
就学時健康診断（全児童参加）
10月頃
1回目就学相談
教育委員会側の考えが決定
親の意見と同じ
就学先決定
親の意見と違う
決まるまで何度も就学相談
ココ
さくらの会の先輩ママはその就学相談を戦いと呼んでいた
別に好きで戦おうとしているわけではない
お互い協力するのが一番なんだろうけど
教育委員会と保護者の意見が合わず
上の子の時はねーいろいろ言われたよー
教育委員会と小学校の担当者の対応がさー
苦労した体験談を聞いたのと
先輩ママ
二人目療育中のママたち

去年 我が家も
長男の転園で
大変だったので
転園を希望しています
でもそれお母さんの意見ですよね
親のエゴで正しい判断ができていないのでは？
本人にとって一番楽しい場所は支援学校のはずずっとそこで暮らすのが幸せ
他のところに入れるなんてかわいそう
ハッ
正直 行政の対応にはあまりいいイメージはない
しかし私が以前否定された「親の意見」はまったく通らないわけではない
実は一番決定権があるのは親の意見だそう
なので
発語がない子
多動があり机に座れない子
トイレが自立していない子
他害がある子
などで
ガッ
教育委員会から
支援学校が望ましいと思います
と言われても

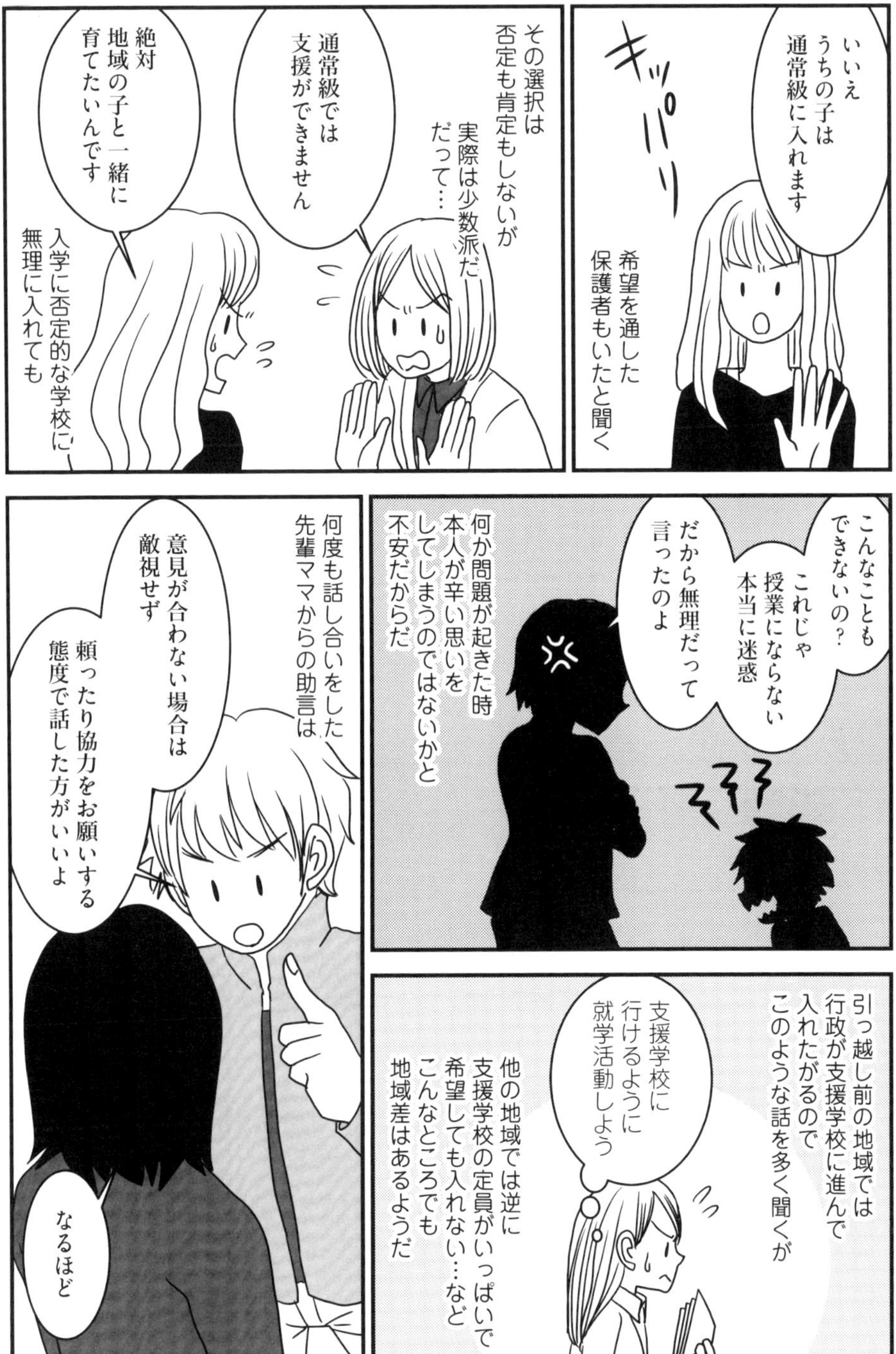
いいえ うちの子は 通常級に入れます
キッパリ
希望を通した 保護者もいたと聞く
その選択は 否定も肯定もしないが
実際は少数派だ だって…
通常級では 支援ができません
絶対 地域の子と一緒に 育てたいんです
入学に否定的な学校に 無理に入れても
こんなこともできないの？
これじゃ 授業にならない 本当に迷惑
だから無理だって 言ったのよ
何か問題が起きた時 本人が辛い思いを してしまうのではないかと 不安だからだ
何度も話し合いをした 先輩ママからの助言は
意見が合わない場合は 敵視せず
頼ったり協力をお願いする 態度で話した方がいいよ
なるほど
引っ越し前の地域では 行政が支援学校に進んで 入れたがるので このような話を多く聞くが
支援学校に 行けるように 就学活動しよう
他の地域では逆に 支援学校の定員がいっぱいで 希望しても入れない…など こんなところでも 地域差はあるようだ

そしてついに面談の日
教育委員会からは2人の人が同席してくれた
喋る担当
会話の記録担当
遠いところありがとうございます
今日はよろしくお願いいたします
そうすけの父です
ペこり
そうすけの母です
よろしくお願いいたします
まずはそうすけくんの来年の進路についてご家族の考えを教えてください
はい 息子のそうすけは以前は癇癪が激しく発達が遅れてましたが
最近はできることが増え日常生活で困ることはあまりありません
現在の幼稚園でも落ち着いて過ごせていますし
主治医の先生からも通常学級でも大丈夫ではないかと言われたので小規模小学校の通常学級を希望したいと考えています
そうですか…
他の選択肢はご検討されましたか?
支援学校や小学校の中にある支援学級という選択もありまして…

ですので――……
規則で説明してる部分もありそうだけど
正直知ってる情報だけだ…
地域の情報とか学校の特徴とか詳しく聞けるかと思ったけどその辺は質問してもそれなりな回答…
あまり現場のことを知ってるようには思えないな
でも思ってたほど嫌な感じの対応じゃない親身な感じでもないけど
カウンセラーでも相談員でもないんだしこれがマニュアル通りの対応なのかな
そういえば先輩ママが
役所の人より正直私の方が知識多いって思うことよくあるんだよね
なんて言ってた
確かに一人しかいない市役所の児童の福祉担当者もすぐ異動になるから
○○って制度が利用できるって他の保護者に聞いたんですけどうちの子も対象ですか？
○○？えーとその制度は…
どれかな？
わかってないことが多くて手続きがスムーズにいかないことがある
前任の人は確か2年で異動だって聞いたな…
制度がよく変わる福祉の制度を2年で覚えてまた違う部署に異動って役所の人も大変だな…
すみません
えーと…
仕事してくれてる役所の人たちには申し訳ないけど…
なんだか頼りない…

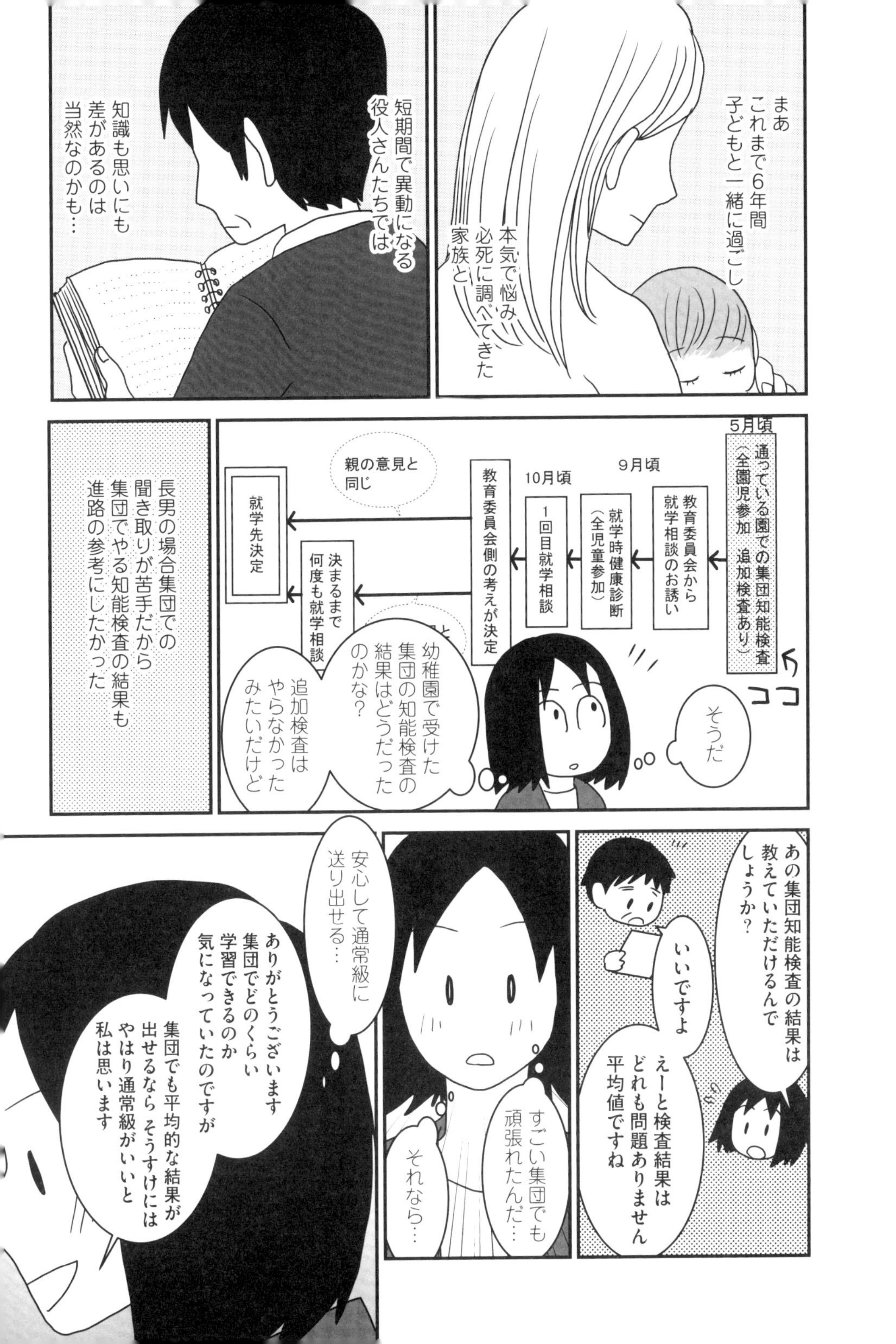
まあ
これまで6年間
子どもと一緒に過ごし
本気で悩み
必死に調べてきた
家族と
短期間で異動になる
役人さんたちでは
知識も思いにも
差があるのは
当然なのかも…
5月頃
通っている園での集団知能検査（全園児参加 追加検査あり）
9月頃
教育委員会から就学相談のお誘い
就学時健康診断（全児童参加）
10月頃
1回目就学相談
教育委員会側の考えが決定
親の意見と同じ
就学先決定
決まるまで何度も就学相談
ココ
そうだ
幼稚園で受けた集団の知能検査の結果はどうだったのかな？
追加検査はやらなかったみたいだけど
長男の場合集団での聞き取りが苦手だから集団でやる知能検査の結果も進路の参考にしたかった
あの集団知能検査の結果は教えていただけるんでしょうか？
いいですよ
えーと検査結果はどれも問題ありません 平均値ですね
すごい集団でも頑張れたんだ…
それなら…
安心して通常級に送り出せる…
ありがとうございます 集団でどのくらい学習できるのか 気になっていたのですが
集団でも平均的な結果が出せるなら そうすけには やはり通常級がいいと 私は思います

そして就学相談は終わった
思ったより あっさりだったね
うん…
よくわかんないんだけど 集団検査で平均なのに 支援学級を勧められる こともあるの？
通常は就学相談に 呼ばれることはないわけだから 呼ばれたってことは 可能性あるんじゃないかな？
あと「つくしフィルター」って あるらしいんだよね
何それ？
つくし幼稚園みたいに 支援の幼稚園出身の子は 問題がある前提で見られる らしいんだよ
検査結果は通常だけど 特別支援の幼稚園に 通ってたということは 何か問題があるん だろうな…
つくしフィルター
あー なるほど
入れなきゃよかった？
他の園に行けば 違ったのかな…
そうは思わないけど
つくし幼稚園の 子たちは好きだし
あそこでの経験を 決して恥じたくはない
——だけど
支援の幼稚園 出身の子に 偏見を持つ人がいて
この先もずっと そのことを 指摘されるなら
嫌だな…

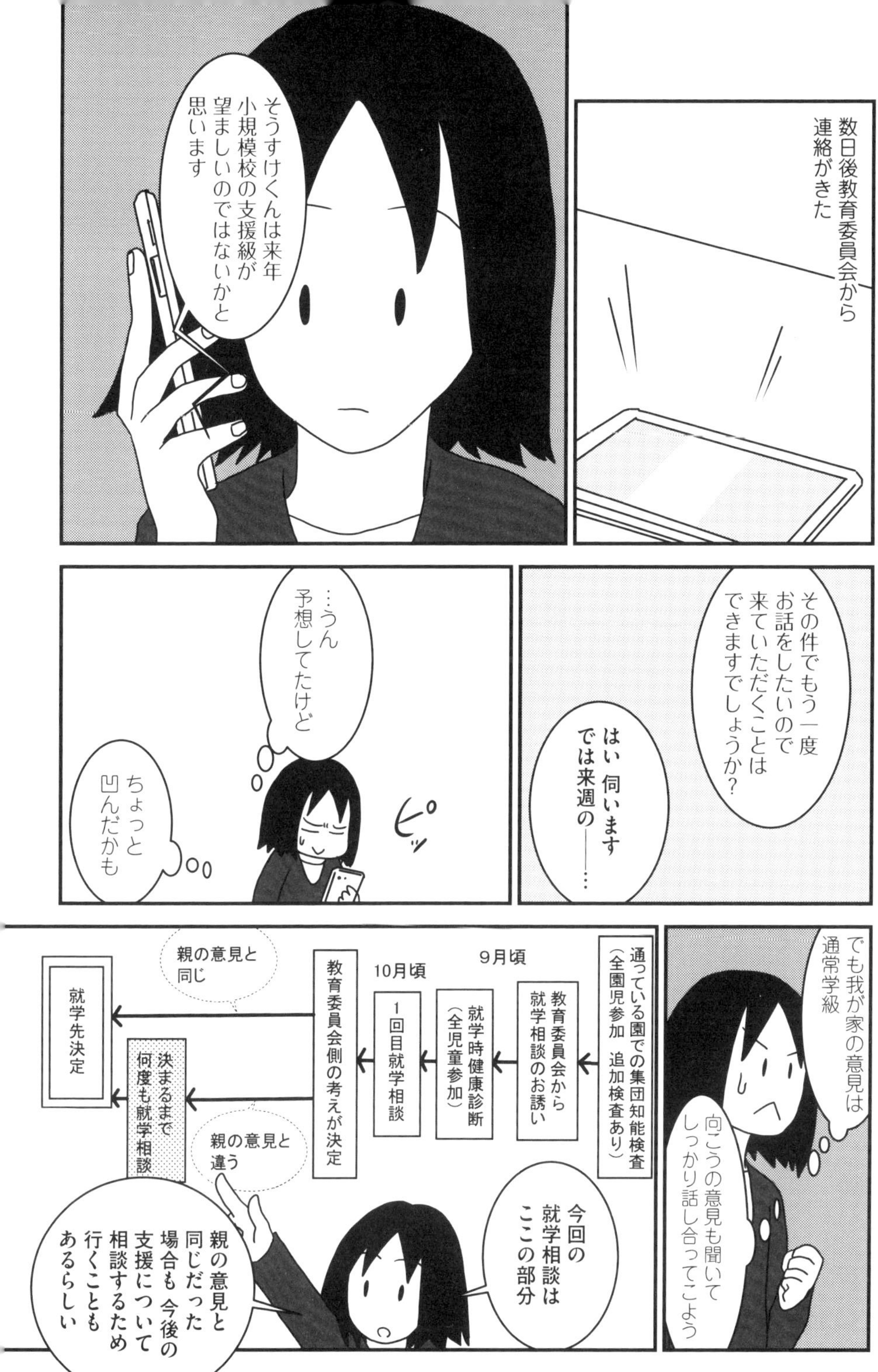
数日後教育委員会から
連絡がきた
そうすけくんは来年
小規模校の支援級が
望ましいのではないかと
思います
その件でもう一度
お話をしたいので
来ていただくことは
できますでしょうか?
はい 伺います
では来週の――…
ピッ
…うん
予想してたけど
ちょっと
凹んだかも
でも我が家の意見は
通常学級
向こうの意見も聞いて
しっかり話し合ってこよう
通っている園での集団知能検査
（全園児参加 追加検査あり）
9月頃
教育委員会から
就学相談のお誘い
就学時健康診断
（全児童参加）
10月頃
1回目就学相談
教育委員会側の考えが決定
親の意見と
同じ
親の意見と
違う
就学先決定
決まるまで
何度も就学相談
今回の
就学相談は
ここの部分
親の意見と
同じだった
場合も 今後の
支援について
相談するため
行くことも
あるらしい

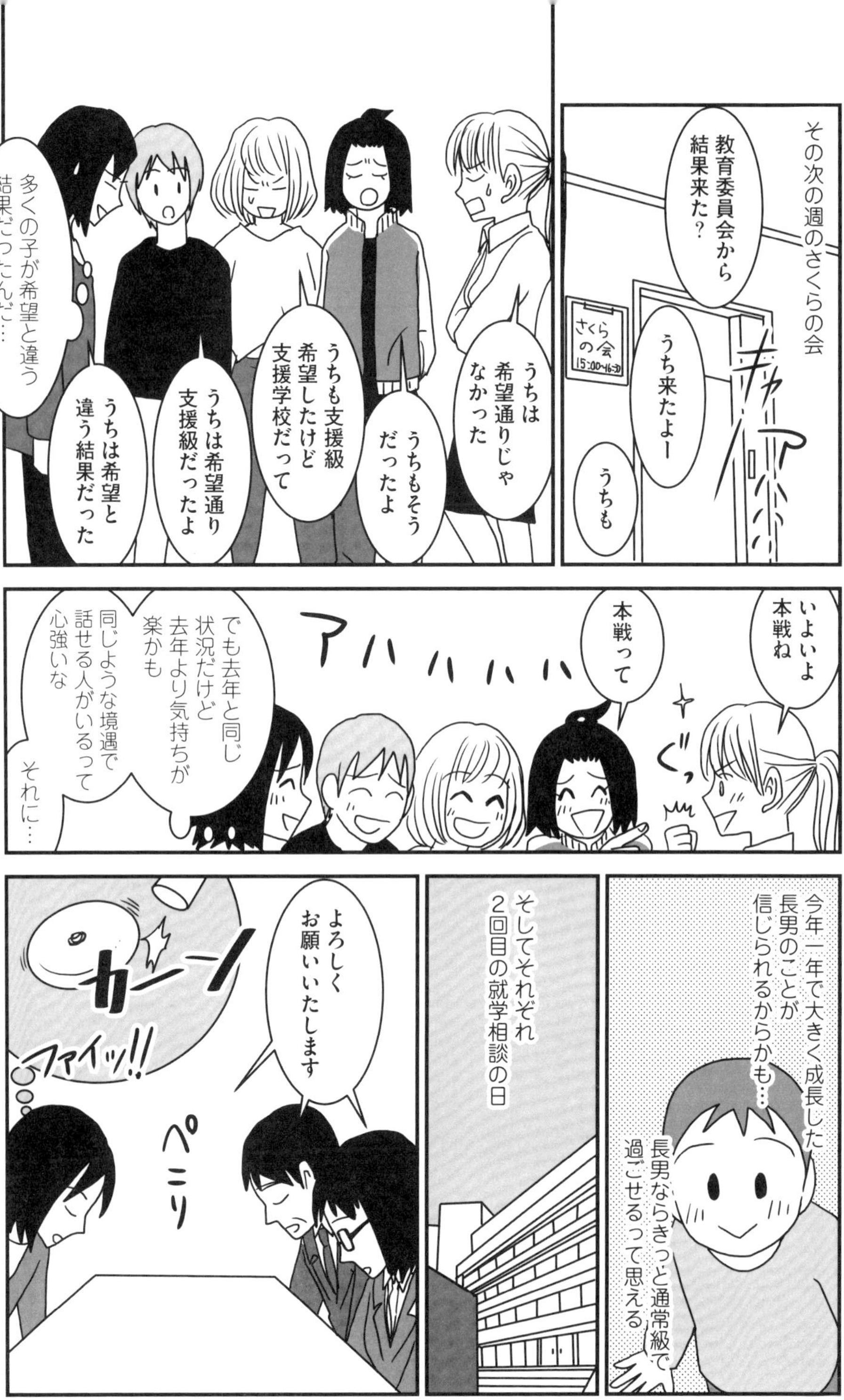
その次の週のさくらの会
教育委員会から結果来た？
さくらの会 15:00~16:30
ガチャ
うち来たよー
うちも
うちは希望通りじゃなかった
うちもそうだったよ
うちも支援級希望したけど支援学校だって
うちは希望通り支援級だったよ
うちは希望と違う結果だった
多くの子が希望と違う結果だったんだ…
いよいよ本戦ね
本戦って
ぐっ
アハハハハ
でも去年と同じ状況だけど去年より気持ちが楽かも
同じような境遇で話せる人がいるって心強いな
それに…
今年一年で大きく成長した長男のことが信じられるからかも…
長男ならきっと通常級で過ごせるって思える
そして それぞれ2回目の就学相談の日
よろしくお願いいたします
ペこり
カーン
ファイッ!!

夫は今回仕事で不在

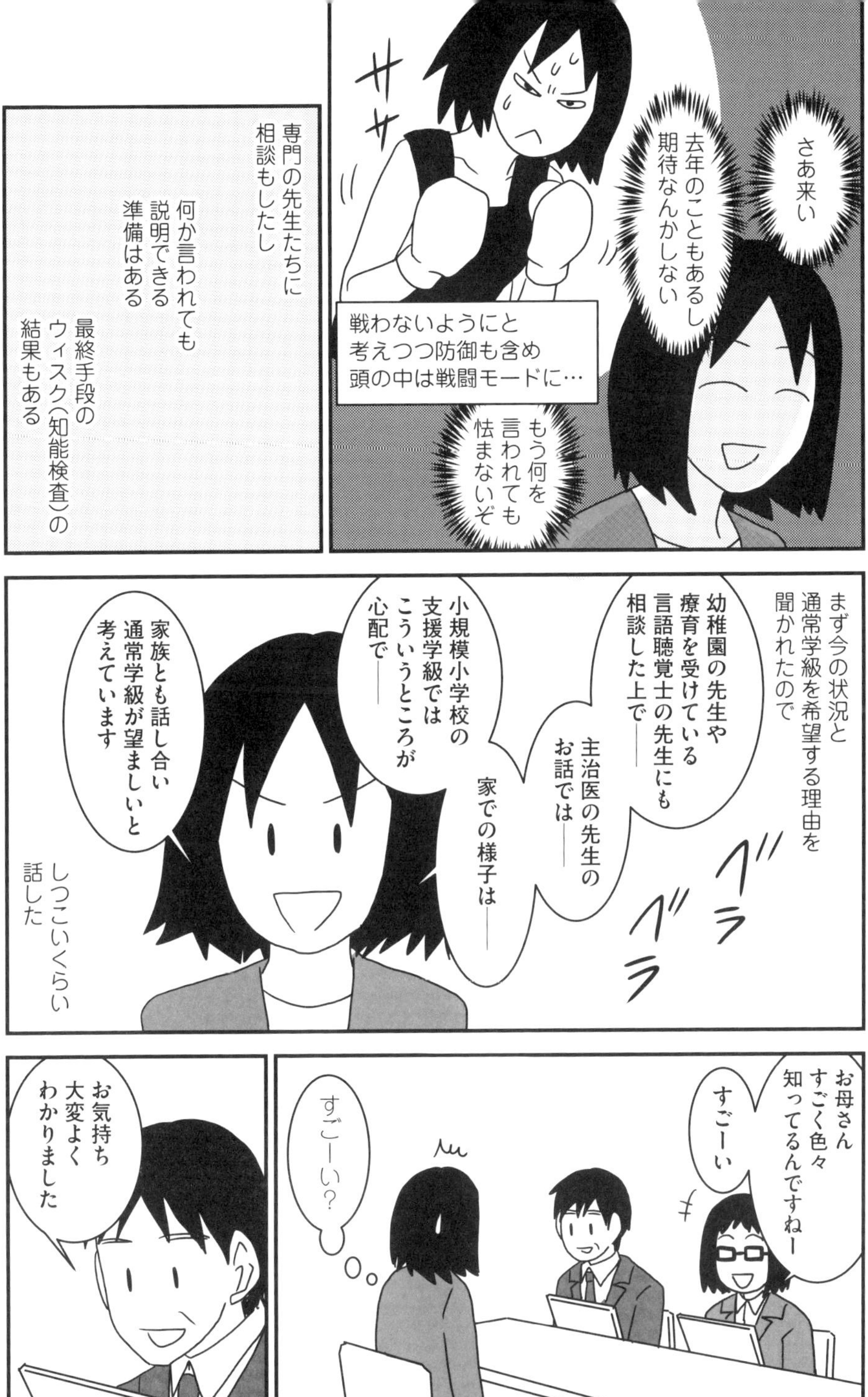
ササ
さあ来い
去年のこともあるし期待なんかしない
戦わないようにと考えつつ防御も含め頭の中は戦闘モードに…
もう何を言われても怯まないぞ
専門の先生たちに相談もしたし
何か言われても説明できる準備はある
最終手段のウィスク(知能検査)の結果もある
まず今の状況と通常学級を希望する理由を聞かれたので
幼稚園の先生や療育を受けている言語聴覚士の先生にも相談した上で――
主治医の先生のお話では――
家での様子は――
小規模小学校の支援学級ではこういうところが心配で――
家族とも話し合い通常学級が望ましいと考えています
ダラダラ
しつこいくらい話した
お母さんすごく色々知ってるんですねー
すごーい
すごーい?
お気持ち大変よくわかりました

じゃあ通常学級で進めてみましょうか
え？
ありがとうございます…？
すっごいあっさり決まった…
10分も経ってない…？
カーカーンカーンカーン
試合終了～
これなら警戒しなくてもよかったなちょっと失礼な態度だったかも…
頼るような姿勢を～
初めての学校でどうなるかわからないので…もし何か問題が起きたらまた相談させてもらえますか？
もちろんですいつでも相談してください
じゃあ正式に決定したらまたお電話します
正式に決まったらこのあとはどうすればいいですか？
そうですね…
普通に入学説明会に行って
そこで渡す資料通り普通に入学準備して
普通に入学してもらえればいいですよ

普通…？
あの入学前に学校と個別の面談とかは…
特にありません希望するなら入学してから担任に聞いてみてください
わかりました
なんだろうこのいきなり突き放された感…
通常学級だからこそ心配なことや聞きたいこと準備したいこととかあるけど…
システム的にはもう支援の対象外なのかな…？
なんか急に1人になった気分だけど…
こういうものかこれからの相談は病院の先生やリハビリの先生にできるし問題ないかな
この年は他の子たちもみんな希望の場所にすんなり入れた
なんか拍子抜けだったね
去年の話と全然違ったね
通常級の子はこの先何も支援受けられないのかな？
さくらの会も年長で終わりだし通えるのは病院のリハビリくらい？
この年に行政の方針が変わったのか私たちが過剰に警戒してしまっただけなのかわからないが…
とりあえず無事に小学校準備は進められることになった
ランドセル届いたよー
キャー!!

おー
かっこいい じゃん
撮って
はいはい
あと 給食袋や上履き入れも 買い換えないと…
そうすけは ライダーとかが いいの?
やだよ 絵がないのが いい
なんで? ライダー 好きじゃん
1年生だから ライダーは 恥ずかしいでしょ
彼の中で 1年生らしい柄↓
1年生らしいのが いいよ 黒の星とか
へー
黒の星か 生地探しておくよ
そんなこと 言うように なったんだ…
どんどん 成長していくな…
小学生になるん だもんだな…
あむも ランドセル 欲しい
この かわいいのが 欲しい
あゆむも 1年生に なったらね
ランドセル カタログ
ドピンクか… うーん…

この作品は、作者の当時の感情・心情を
できるだけ正直に表しました。
それゆえ、不適切な表現、
医学的に立証されていない表現も含まれております。
迷いましたが、作者のセキララな心情を
ありのままに描ききることに、この作品の真意があると判断し、
あえてそのままにしております。
どうかご理解いただけますと幸いです。

STAFF

デザイン　千葉慈子（あんバターオフィス）

DTP　小川卓也（木蔭屋）

校正　齋木恵津子

編集　因田亜希子

編集長　松田紀子

エピローグ

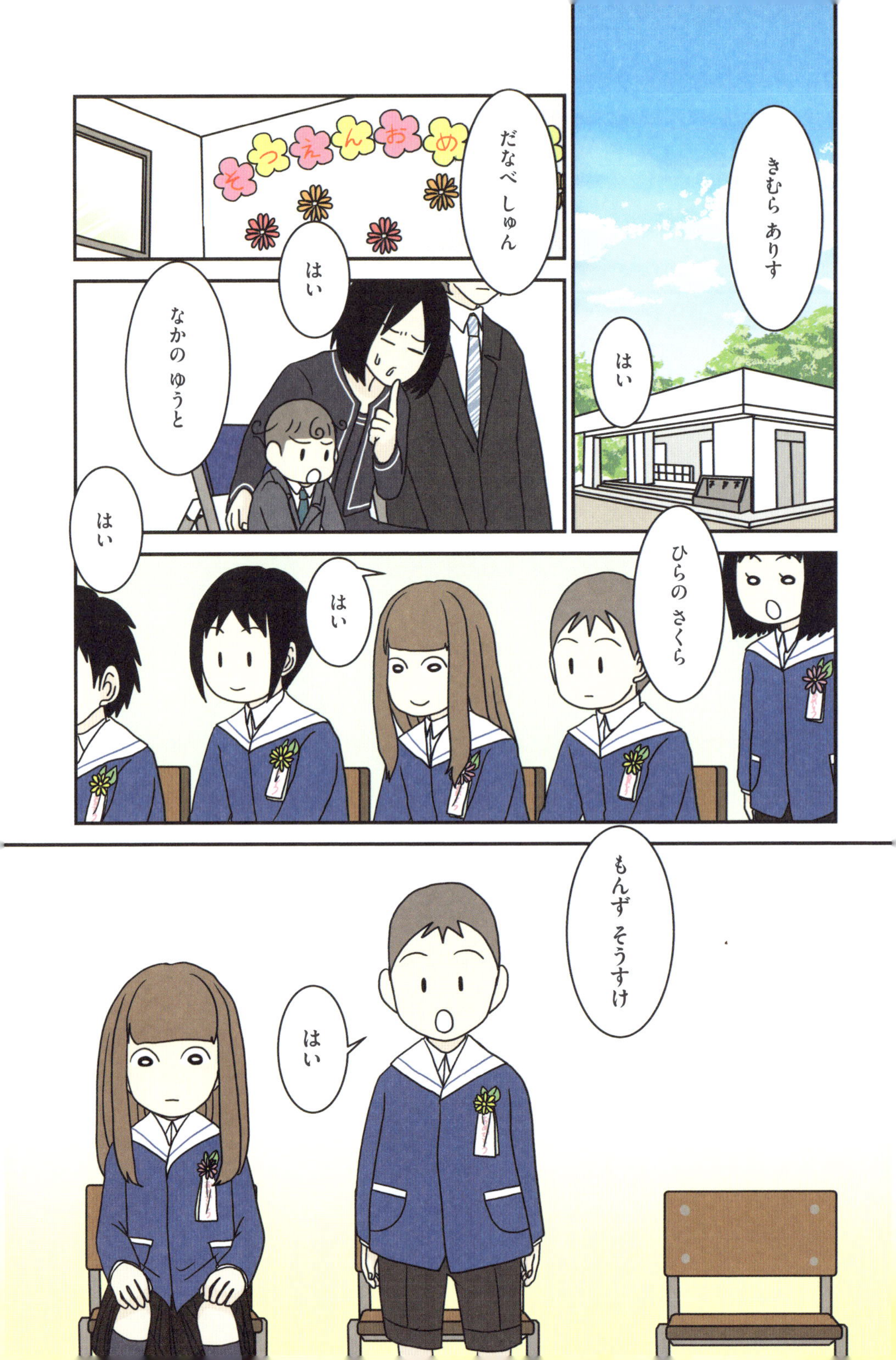

きむら ありす
はい
そつえんおめ
だなべ しゅん
はい
なかの ゆうと
はい
ひらの さくら
はい
もんず そうすけ
はい

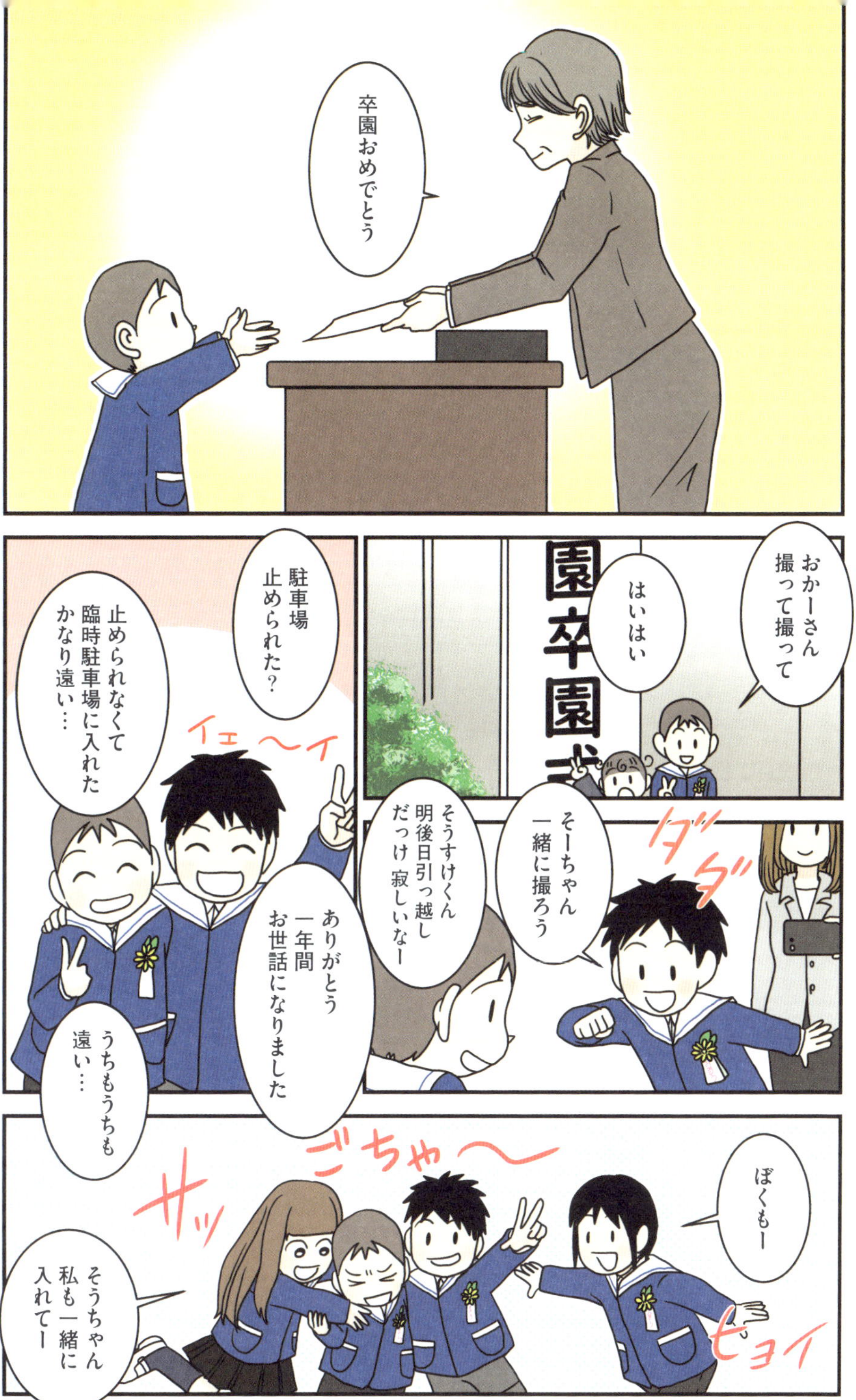
卒園おめでとう
おかーさん撮って撮って
はいはい
園卒園式
ダダ
そーちゃん一緒に撮ろう
そうすけくん明後日引っ越しだっけ 寂しいなー
駐車場止められた?
止められなくて臨時駐車場に入れたかなり遠い…
イェ〜イ
ありがとう一年間お世話になりました
うちもうちも遠い…
ぼくもー
ピョイ
ごちゃ〜
サッ
そうちゃん私も一緒に入れてー

引っ越しても元気でねー
うん ありがとー
西の山
お父さんは？
駐車場に車取りに行ったよ
ここの道まで入ってこられそうにないから通りのコンビニまで歩こう
バタバタ
えー 疲れたー
今日は頑張ったから特別にジュース買おうと思ったけどな…
早く行こう ぼくリンゴ
ぼくも
そうすけくーん あゆむくーん

こんにちはー
ことばの先生
（言語聴覚士）
今日は卒園式ですか？
おめでとうございます
そうすけくん
1年生になるんだねー
うん
卒園式
泣けました？
いやー
バタバタで…
全然そんな感じじゃ
ありませんでした
無事終わって
よかったって
感じです
そういえば…

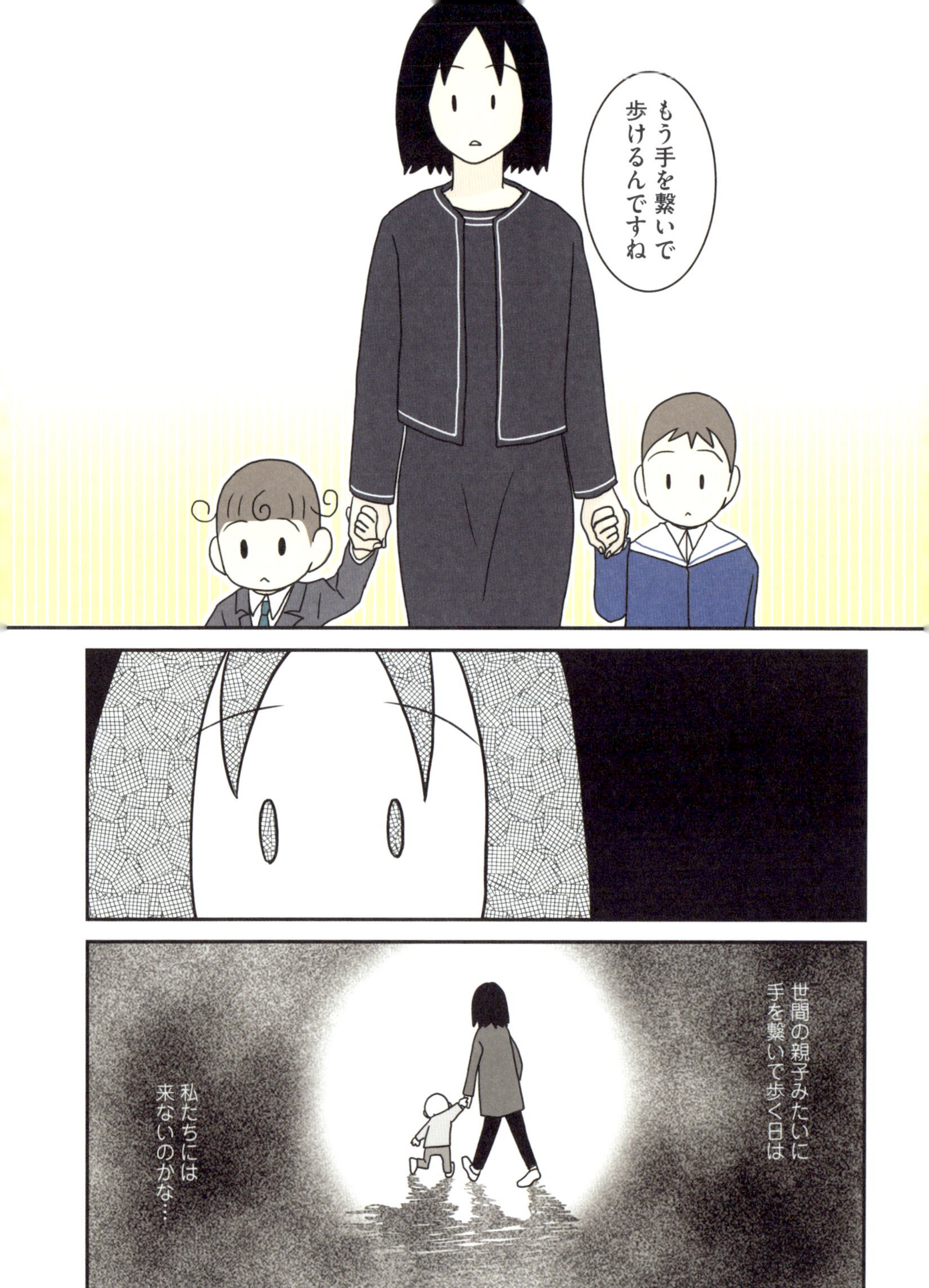
もう手を繋いで歩けるんですね
世間の親子みたいに手を繋いで歩く日は
私たちには来ないのかな…

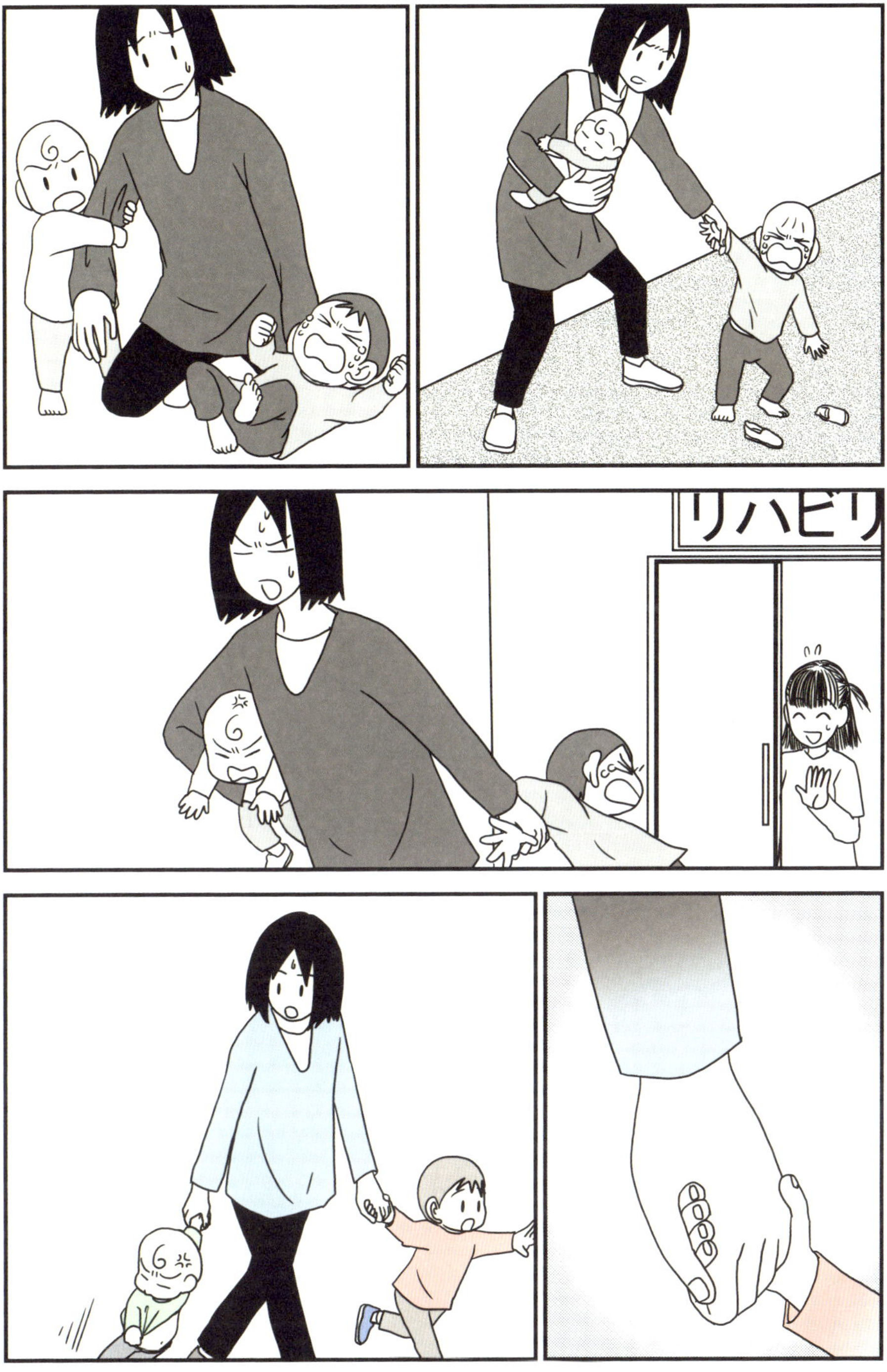
リハビリ

…そうか

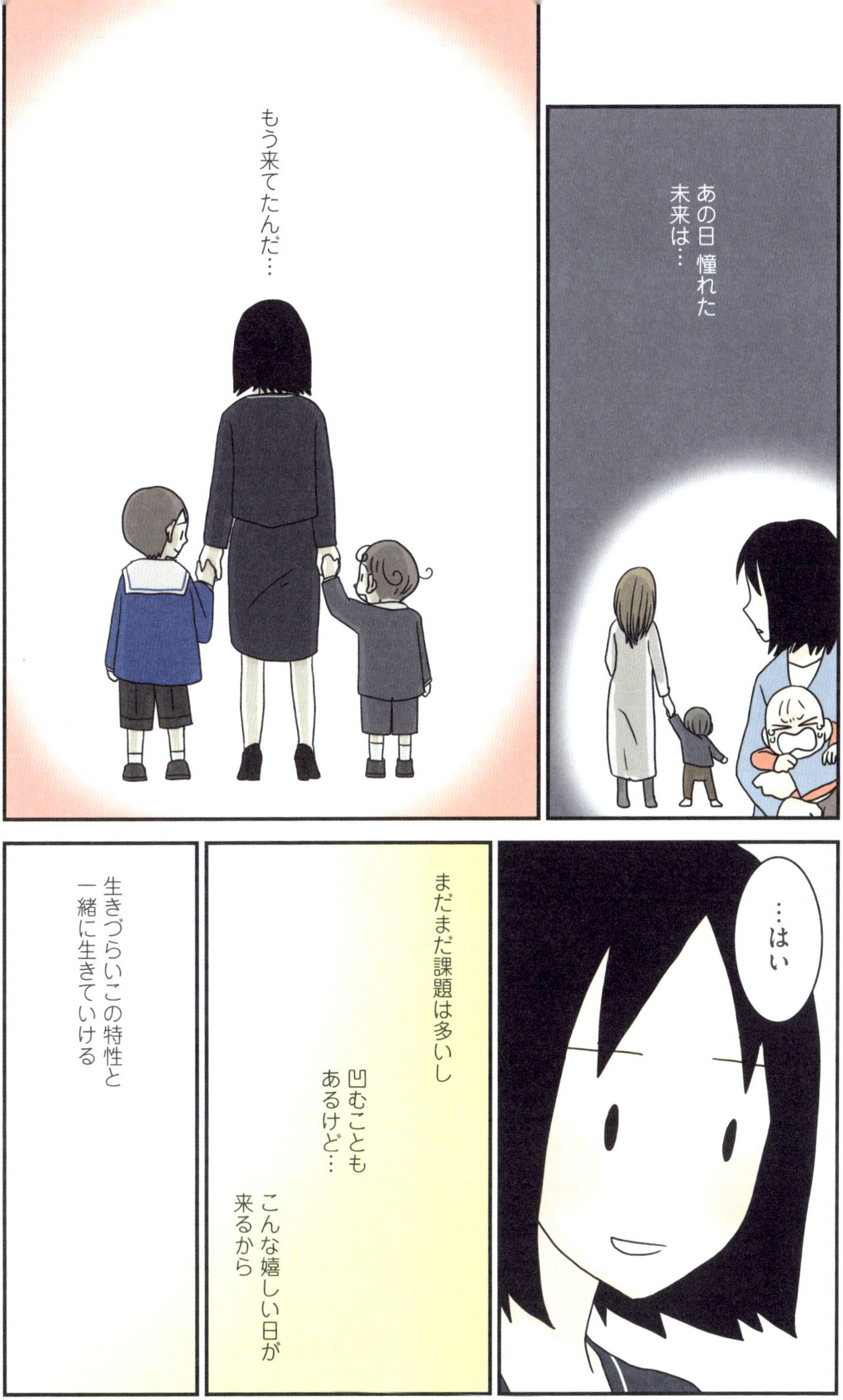
あの日 憧れた
未来は…
もう来てたんだ…
…はい
まだまだ課題は多いし
凹むことも
あるけど…
こんな嬉しい日が
来るから
生きづらいこの特性と
一緒に生きていける

その後 長男は無事 小学校に 入学し 元気に通って います
引っ越し 1年生になる前に 急に運動面が成長し
今までできなかった 鉄棒(前回り)や自転車 縄跳びの連続飛びが できるようになりました
家にあった室内用アスレチックのブランコを取ったら鉄棒になったので家で練習できましたこれ便利
入学してすぐは 幼稚園の時と同じく クラスメイトの顔と名前が 覚えられなかったり 忘れ物が多かったり しましたが
宿題の計算カード また持って帰って こなかったな…
あっ
夏休み前には 顔と名前を覚え 忘れ物もほとんど なくなりました
こんなリストを作って持たせた
もってかえるもの
新しい地域の学校は 宿題が毎日たくさん出るので やらない子も多いようだが…
音読と計算カード なんてやったって適当に 書いとけばいいんだよ
同じバス停の上級生
「上手に手を抜く」「さぼる」 という考えがない長男は 文句を言いながらも 全部やってます
疲れたー でもやらなきゃ
カリ カリ
宿題と自分で言い出した通信の教材まで毎日やってる長男 私にはない真面目さにびっくり
最初のうちはぐずぐずしながら やっていたが 今では慣れてきました
融通は利かないけど いいこだわりかな
大きな問題はなく 過ごせているようで 勉強面も生活面も 通知表で △はなかった
ホッ
本人の努力の 成果だと思う

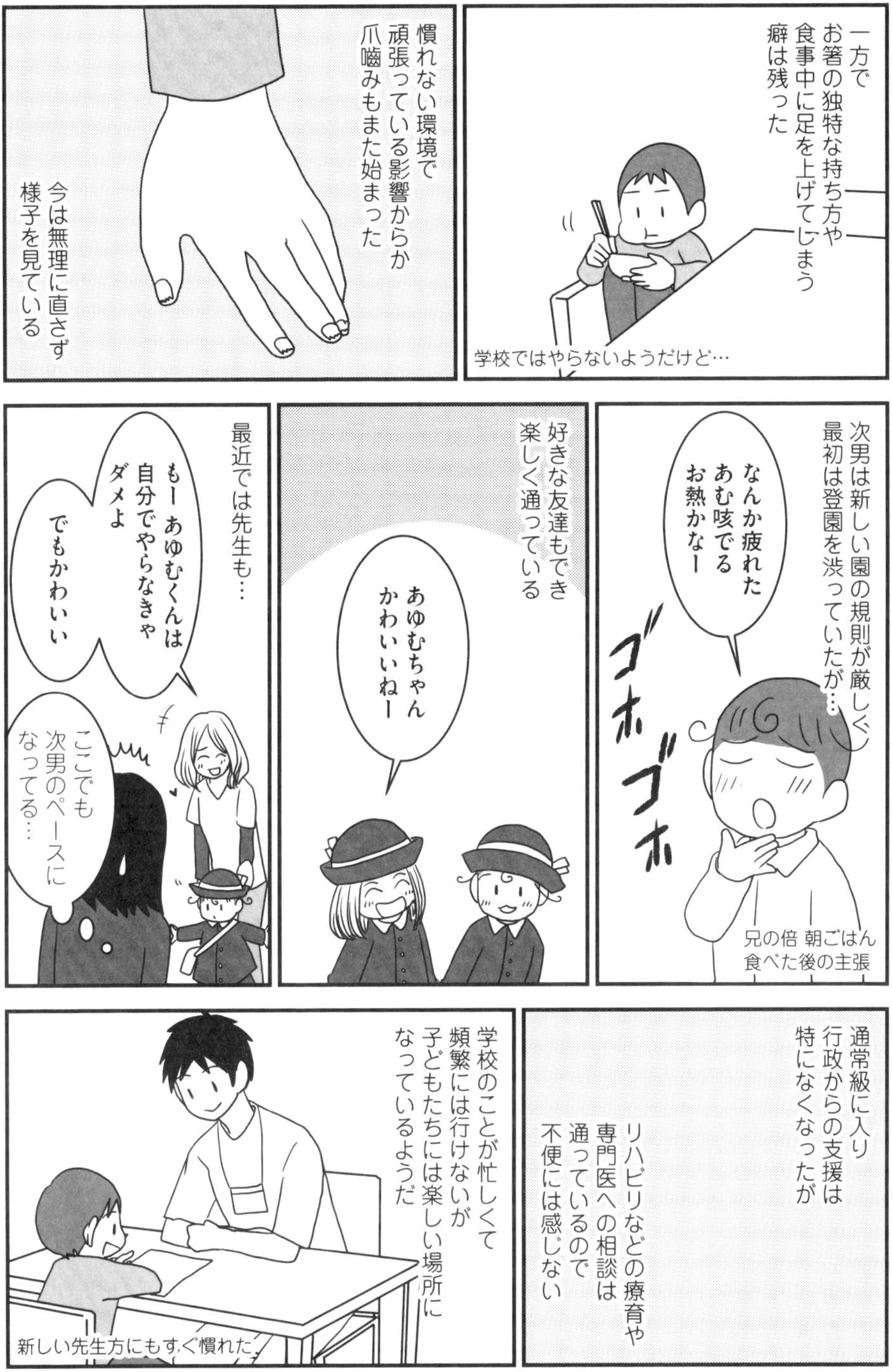

一方で お箸の独特な持ち方や 食事中に足を上げてしまう 癖は残った
学校ではやらないようだけど…
慣れない環境で 頑張っている影響からか 爪噛みもまた始まった
今は無理に直さず 様子を見ている
次男は新しい園の規則が厳しく 最初は登園を渋っていたが…
なんか疲れた あむ咳でる お熱かなー
ゴホゴホ
兄の倍 朝ごはん 食べた後の主張
好きな友達もでき 楽しく通っている
あゆむちゃん かわいいねー
最近では先生も…
もー あゆむくんは 自分でやらなきゃ ダメよ
でもかわいい
ここでも 次男のペースに なってる…
通常級に入り 行政からの支援は 特になくなったが
リハビリなどの療育や 専門医への相談は 通っているので 不便には感じない
学校のことが忙しくて 頻繁には行けないが 子どもたちには楽しい場所に なっているようだ
新しい先生方にもすぐ慣れた

以前ネット上で
こんな質問をいただいた
発達障害のことを
理解したくて読んでます
身近に発達障害者がいたら
どう配慮したら
いいですか？
私はこの質問の
返信がなかなか
返せなかった

※いただいたすべての質問に返信はできていません。また専門家ではないので相談などはお答えできません。すみません…。

当事者だって
皆同じじゃないんだから
これも
人それぞれだろうし…
私の場合
ってことで
お返事
しようかな…
そういえば
私の場合は
どうしてほしいかな？
でも私の場合
発達障害のブログや本を
書いている都合上
プロフィールなどで毎回
ＡＤＨＤと名乗っているけど
周囲にＡＤＨＤであることを
公表することはほとんどないし
毎日発達障害を意識して
生きてるわけじゃないので
実は「理解し配慮してほしい」とは
あまり思ってない
こんな人もいるって
知ってもらえたらいいかも
とは思ってるけど…
当事者のことを
考えてもらえるのは
すごく嬉しいし
すべての人が理解し
配慮してくれたら
偏見や差別がなくなり
生きやすい人もいると思う
でも私自身が特性もあり
すべての病気や障害など
理解し配慮することなんて
人一倍できないから

それらすべてを理解し配慮できない人間が今度は否定されるような意見なんかを見ると
そんな世界余計生きづらいんじゃないかな…なんてことも思ってしまう…
それに私はあまり構われたくない性格だから
手厚すぎる配慮は実は苦手だな
困った時はできるだけ自分から助けを求めるようにしてるのでその時に協力してもらえるととても助かるけど
我ながらややこしい…
だから特別配慮してほしいことはないんだけど
もしお願いできるなら否定しないでもらえると嬉しい
特別に支援を受けること生活や勉強をサポートするアイテムを使うことを
常識とは違うかもしれない生き方をすることを
理解しなくても特別配慮しなくてもいいから
否定しないでほしいかな…と思う
これはあくまで現在の私の立場の意見だけどこんな感じです
う〜ん？
あれ　でももうそれが配慮？
語彙力がなくてうまく説明できない…
最後になりますが子どもたちの進路の話を描くのは小学校入学までと決めていたので私たち家族のお話はここまでとさせていただきます
日々のことはブログで少し描いています
これまで本を出すのにご協力くださった皆様そして私たち家族を見守ってくださった皆様本当にありがとうございました

解説

はしもとクリニック経堂　院長　橋本圭司

「発達障害」の概念は時代とともに変化しており、国内では主に重度の知的障害や肢体不自由を合併した重症心身障害児を指して用いられた時期もありました。しかし近年の「発達障害」は、世界的動向にならって自閉症スペクトラム症【（autism spectrum disorder; ＡＳＤ）（コミュニケーションが苦手、こだわりが強い）】、注意欠如・多動症【（attention-deficit / hyperactivity disorder; ＡＤＨＤ）（不注意、落ち着きがない）】、限局性学習症【（specific learning disorder; ＬＤ）（読み書きが苦手、計算が苦手）】、発達性協調運動症【（developmental coordination Disorder; ＤＣＤ）（不器用、運動が苦手）】など、知的障害から独立した高次脳機能障害へとシフトしました。そして、これらは、「障害」と「正常」の区切りが曖昧であり、「スペクトラム」という言葉に象徴されるような「傾向」や「特性」として理解する柔軟性が求められています。また、それらは別々に存在するわけではなく、多くの場合、重複している。したがって、小さい頃はＡＳＤの特徴が強かった子が、年齢が上がるとともにＡＤＨＤの要素が主体となり、高学年になると、学習の問題（ＬＤ）に変わったりもします。

昔から、前述のような「発達障害」の特性を持った子どもや大人はいたはずです。ではなぜ、近年は「障害」として扱われ、支援が必要になったのでしょうか。これは私見ですが、彼らの特性は今も昔も変わらないのであって、一番変化したのは「世の中」、つまり社会環境ではないかと思っています。高度に文明が発展した世の中では様々な決まりや仕組みが構築され、結果として、都市で生活する我々に、何かと「融通がきく」ことが求められるようになりました。挙げ句の果てに子どもたちにも「融通がきく」ことを求めている社会とは、きっと社会環境そのものが「融通がきかなく」なっていることの裏返しなのかも知れません。

本書は、発達障害当事者であるモンズースーさんが、ご自身の生の経験から学んだ「実学」が満載の良著です。私を含め、専門家が書くと難しくなってしまう発達障害の症状やサイン、対応法の基本、社会資源の利用などについて、目からウロコなぐらいにわかりやすく書かれています。教科書を読んでお勉強した事柄ではなく、家族だからこそ、当事者だからこそ、実際に経験してきたことだからこそ、人に伝わるのではないかと思います。

「特性」を「障害」としてばかりとらえ、それを何とか「治そう」「なくそう」とする支援は間違っています。それらを「弱み」ではなく「強み」とできる家庭や職場環境があり、適応できるケースもあります。逆に、症状は診断基準に合致しないケースでも、本人にとって適切な環境が与えられない結果として、不適応になってしまう場合もあります。マイナスをプラスに変える発想の転換、誰かを無理に変えようとするのではなく、自分自身が変わろうとする勇気こそが、本当に必要なことなのではないでしょうか。

モンズースーさんは、本書の中で、様々な特性を「理解しなくても、特別扱いしなくてもいいから、否定しないでほしい」と述べています。それだけでも、当事者は彼らのペースで少しずつ成長することができます。そう、ただ「認めて」くれるだけでいい、無理に「ほめる」でもなく、「非難する」でもなく、ただ「見て」「留めてくれる」だけでいいのです。

モンズー一家の「戦い」はまだ始まったばかりです。決してあきらめてはいけません。この経験が血となり骨となり、必ずや世代を超えて伝わっていきます。そして、いつの日か、子どもたちが、そんな彼女の子どもに生まれてよかったと思える日が来るに違いありません。

行け～モンズースー！　進め～モンズースー！